Alfred Jäger

Gott.

10 Thesen

1980

J. C. B. Mohr (Paul Siebeck) Tübingen

CIP-Kurztitelaufnahme der Deutschen Bibliothek

Jäger, Alfred:
Gott: 10 Thesen / von Alfred Jäger. – Tübingen: Mohr, 1980.
   ISBN 3-16-142592-8

Printed in Germany. Satz und Druck: Gulde-Druck, Tübingen. Ein-
band: Heinrich Koch, Großbuchbinderei, Tübingen

Vorwort

Kein Thema der Theologie steht seit alters und bis heute so fraglos und selbstverständlich im Zentrum theologischer Arbeit wie das Denken Gottes.

Kein Thema der Theologie führt aber auch seit je und heute unter veränderten Vorzeichen sogar zunehmend bewußter, eindringlicher und abgründiger an die äußersten Grenzen des Denkmöglichen, des Ungedachten, des Unerdenklichen.

Kein Thema der Theologie verlangt daher wohl auch mehr an Ausdauer im Bereich des Fragens als ein Denken Gottes. „In der gegenwärtigen Theologie wird zu schnell und zu viel geschrieben, aber zu wenig gedacht" (Eberhard Jüngel).

Wie zahlreiche andere Werke zur gegenwärtigen Gottesfrage sind auch die folgenden, knappen Thesen und Erläuterungen in diesem Fragebereich entstanden. Als erster, tastender Schritt wollen sie dazu beitragen, diesen Raum weiter auszuleuchten in einer Richtung, in die Theologie und vor allem das gegenwärtige Denken Gottes noch kaum geblickt hat. Es kommt wohl nicht mehr darauf an, das metaphysische Seinsdenken neu, so oder auch anders, theologisch auszudeuten, sondern zu verändern. In dieser Hinsicht scheinen wir noch kaum über jene Feststellung eines jungen Gogarten 1920 hinaus zu sein: „Noch können wir Gott nicht denken. Aber wir erkennen immer deutlicher, was Er nicht ist, was er nicht sein kann... Muß denn jetzt nicht das große Besinnen anfangen?"

St. Gallen, Oktober 1979   Alfred Jäger

Inhaltsverzeichnis

Gott im Zentrum

Der ungedachte Gott

Gott im Zentrum

Die Theozentrik gegenwärtiger Theologie

Gott steht heute im Zentrum des Nachdenkens. Gott ist im Laufe der letzten zehn bis fünfzehn Jahre zunehmend mehr und auffälliger zu einem Brennpunkt systematischer Theologie geworden, um den sich Denker verschiedenster Herkunft und Richtung, verschiedener Konfession, gewiß aber auch verschiedenster Qualität seltsam einmütig und doch erstaunlich vielfältig scharen. Gott ist: Über diesen elementaren Satz nachzudenken, auf die Spuren seiner Frage- und Problemgehalte zu kommen, aber auch seinen Sachgehalt in vielfacher Hinsicht zu entfalten, ist zunehmend mehr zum Hauptgeschäft führender Theologen geworden, die primär nicht als überzüchtete Spezialisten, sondern im besten Fall als „exemplarisch denkende Christen"[1] das ausdrücklich ausdenken wollen, was auch viele andere mehr oder weniger unterschwellig, mehr oder auch minder intensiv bewegt. Die nicht zu übersehende und, wie es scheint, noch immer zunehmende Konzentration auf die Gottesfrage gehört offensichtlich sehr zentral mit zur elementaren Verantwortung von Theologie in unserer Zeit.

Angefangen hat diese Entwicklung anfangs der sechziger Jahre auf eher merkwürdige Art. Man wird sich vielleicht

---

[1] Ein Ausdruck *Helmut Gollwitzers*, Die kapitalistische Revolution, München 1974, 15.

noch an einige der für Theologie recht ungewöhnlichen
Donnerschläge erinnern. Da verabschiedete doch ein angli-
kanischer Bischof namens John A. T. Robinson unter der
Flagge „Gott ist anders" ohne Trauer und Klage, doch mit
großer, öffentlicher Resonanz den vertrauten Theismus. Da
wollte doch ein junger, amerikanischer Theologe namens
Thomas J. J. Altizer, der mit seiner damaligen „radikalen
Theologie" noch greifbar genug einem religiös ausgewach-
senen Ödipus-Komplex Ausdruck gab, mit mehr oder weniger Ernst eine liturgische Beerdigungsfeier für den selben
Gott veranstalten, und dies übertragen von einem der größ-
ten Fernsehnetze der Vereinigten Staaten. Man sah dann üb-
rigens doch davon ab. Da entwickelte sich auch in Deutsch-
land allen Ernstes und mit wuchtigen Argumenten eine Art
hölzernes Eisen unter dem Titel „christlicher Atheismus" –
getragen vor allem durch den Namen Dorothee Sölle –, der
dem Christen auch ohne Gott ein gutes Gewissen zu geben
versuchte, um sich dann desto mehr an der Gestalt, dem Verhalten und Geschick Jesu von Nazareth zu orientieren, ein
Rebell selbstredend auch er.

Schocks und theologische Clownerien haben auch ihren
guten Sinn, sofern sie nicht nur als Bürger- und vor allem
Christenschreck, sondern als Anstoß zum Nachdenken genommen werden. Tatsächlich setzte in den selben Jahren unabhängig, doch nicht unbeeindruckt davon, und erst recht in
der Folgezeit zunehmend mehr das ernsthafte Eingehen auf
die Thematik Gott ein. Insofern kann der anfänglichen
Tod-Gottes-Theologie im Rückblick ein heilsamer Aspekt
nicht abgesprochen werden. Mit aller wünschenswerten Radikalität und Konsequenz pfiff sie in jenen geistig unruhigen
Jahren nur das von einigen Dächern, Kathedern und sogar
Kanzeln, was zuvor schon eher unter der Hand herumgebo-
ten worden war. Daß Theologie einer radikal säkularisierten

Zeit anderes als christliche Mythologie schuldig sei, daß der mündige Mensch der nachtheistischen Jetztzeit als solcher religionslos und damit wie selbstverständlich auch gottlos sei, daß Theologie von daher vor allem die biblische Sprache in den Kontext der heutigen Umgebung zu übersetzen habe, all das und Ähnliches war bereits im Laufe der fünfziger Jahre mehr oder auch weniger differenziert landläufig geworden. Das fast einhellige, doch im Rückblick um so heilsamere Erschrecken über die Kampfparole „Gott ist tot" verdeckte somit nur die bedenkenswertere Tatsache, daß hier nun wirklich nicht allzuviel Neues gesagt worden war. Die innere Logik und Konsequenz liegt auf der Hand: Wo Theologie das besondere, geistige Wesen der Zeit mittels einer wie auch immer verstandenen, großmaschigen Säkularisationstheorie zu erfassen sucht, wo sich der Theologe darüber hinaus irgend aus Solidarität und anderen Gründen mit der Fiktion eines wie auch immer mündigen Menschen identifiziert, da liegt der Fall der Thematik Gott relativ nahe.

Die damals vieldiskutierte Verbannung des Theismus aus dem Herzen der Theologie brachte es mit sich, daß Gott desto mehr zum Brennpunkt der Diskussion werden mußte. Das scheinbare Paradox hat doch seine Methode. Gott wurde zum Stichwort einer steigenden Flut von Literatur. Gewiß spielte die Auseinandersetzung mit dem christlichen Atheismus nur vordergründig die Rolle eines Hauptanstoßes. Wesentlich wichtigere und abgründigere Faktoren wiesen in die selbe Problematik ein. Nicht weniger gewiß mußte dies anfänglich einem oberflächlichen Auge als bloßer Wechsel eines Modetrends erscheinen, indem sich selbstverständlich Aspekte des Modischen, Zufälligen, Augenblickshaften im Gesicht heutiger Theologie verbreitet finden. Der äußere Wechsel von Aufmachung und thematischem Schwerpunkt kann jedoch durchaus auch ein rasches, intensives Eindenken

in einen veränderten Problemhorizont anzeigen. Im Rückblick auf die sechziger Jahre ist es wohl keine Übertreibung,
von einer gründlichen Verschiebung der theologischen Optik mit wahrscheinlich längerfristigen Folgen zu sprechen.
Was nicht allzulange zuvor noch als unsinnig und irrelevant,
weil für die sogenannt säkularisierte Welt unserer Zeit völlig
unannehmbar, verworfen werden konnte – das explizite und
intensive Herausstreichen von reinen Fragen der Gotteslehre
– das wurde nun zur Sache der Theologie überhaupt.

Zunehmend wurde bewußter, daß es hier und heute um
Nichts und Alles der christlichen Botschaft geht. Zunehmend mehr und gewichtigere Denker meldeten sich mit zunehmend und buchstäblich gewichtiger werdenden Werken
zu Wort. Den eindrücklichen und vorläufigen Höhepunkt er-
reichte die Entwicklung ohne Zweifel in den letzten siebziger
Jahren, vor allem mit den beiden äußerlich gewaltigen, in-
haltlich kaum vergleichbaren Brocken „Gott als Geheimnis
der Welt" von Eberhard Jüngel und „Existiert Gott?" von
Hans Küng[2]. Das für ein theologisches Werk völlig aus dem
Rahmen fallende Unikum, daß es der Verleger wagte, Küngs
neuestes Mammut – sit venia verbo – in einer Erstauf-
lage von hunderttausend Exemplaren auf den Markt zu wer-
fen, hängt gewiß, aber nicht nur, mit dem Renommee des
Autors zusammen. Das Thema selbst zieht, bedrängt, bewegt. So belanglos ist die zentrale Thematik der Theologie
offenbar nicht, wie man dies auch in der Theologie allzulange
wahrhaben wollte[3]. Das Verarbeiten der einschlägigen, meist

---

[2] Gott als Geheimnis der Welt, Tübingen 1977. Existiert Gott?,
München 1978.

[3] In diesen Zusammenhang gehört etwa auch der Hinweis, daß
nun, obwohl wesentlich früher konzipiert, *Fritz Buris* abschließender
Band der Dogmatik greifbar wurde, der seinerseits zentral der Gottesfrage gewidmet ist. Dogmatik als Selbstverständnis des christlichen Glaubens III, Bern 1978.

umfangreichen Werke verlangt einiges an Ausdauer. Die Ereignisse jagen sich, gemessen am sonst eher gemächlichen Gang der Theologie. So publizierte Gerhard Ebeling im Laufe eines einzigen Jahres seine dreibändige „Dogmatik des christlichen Glaubens" mit einem Umfang von rund 1500 Seiten, deren Gesamtplan stark theozentrisch ausgerichtet ist[4]. Die Entwicklung scheint schon rein äußerlich gesehen noch immer kumulativ zu sein.

Auch wenn man sich nur auf die dem Inhalt nach gewichtigsten Werke konzentriert, läßt sich all dies, was hier gedacht, eingebracht, er- und verarbeitet und geschrieben wurde, nicht ohne weiteres abwägen. Dennoch dürfte eine kritische Zwischenbilanz der ganzen Entwicklung im groben Überblick wie im einzelnen Detail nicht zu den ganz überflüssigen Aufgaben gehören[5]. Für den Augenblick und in einer ersten, sehr vereinfachten Annäherung müssen wenigstens einige besonders auffallende Punkte als merkwürdig, wenn nicht gar erstaunlich herausgestrichen werden.

1. Erstaunlich erscheint die deutliche Verschiebung des inneren Schwerpunktes von der Christo-Zentrik zur Theo-Zentrik. Noch wenige Jahre zuvor lag alles Gewicht auf ei-

---

[4] Dogmatik des christlichen Glaubens, Tübingen 1979. Auch von diesem Werk gilt, daß es seinen inneren Aufriß und Schwerpunkt nicht unmittelbar der aktuellen Diskussion der Gottesfrage verdankt, indem mit Grund zu vermuten ist, daß es auch unabhängig davon die vorliegende Form gefunden hätte. Dennoch gehört es nicht nur durch den Zeitpunkt der Erscheinung zu den besonders markanten Ereignissen der Konzentration auf die Gottesfrage. Dieselben Bemerkungen zur Gotteslehre betreffen im übrigen auch ein weiteres, dogmatisches Gesamtwerk, das annähernd zur selben Zeit seinen Abschluß fand: *Helmut Thielicke,* Der evangelische Glaube I–III, Tübingen 1968, 1973, 1978.

[5] Eine entsprechende Arbeit ist in Vorbereitung.

nem vielfältigen Verstehen der Gestalt und des Verhaltens, des Geschicks und vor allem der Glaubensbedeutung Jesu Christi. Nun aber wurde die Christo-Zentrik, die oft gar zu einem eigentlichen Christo-Monismus gepreßt werden konnte, gleichsam redimensioniert. Das Verstehen der Bedeutung Jesu steht im größeren Rahmen des Fragens nach Gott. Der Schwerpunkt der Problematik hat sich von der Christologie in den sie umfassenden Horizont der Gotteslehre verschoben.

Gewiß bedürfen solche Sätze, die etwas an der inneren Linie der Entwicklung nachzuzeichnen versuchen, einer weiteren und genaueren Interpretation. Mit gutem Grund läßt sich darauf hinweisen, daß genau in den selben Jahren eine ganze Reihe wichtiger Werke zur Christologie entstanden ist, sei es mehr und besonders historisch-exegetischer, sei es mehr dogmatisch-systematischer Art. Noch weniger und in kaum einem Falle bedeutet dies irgend eine Herabminderung der Schlüsselstellung der Christologie im Gefüge des theologischen Denkens. Von einer Neuetablierung natürlicher Theologie ist nicht allzuviel zu spüren, von einigen Ansätzen dazu abgesehen. Wie nur schon ein großzügiger Überblick über die einschlägige Literatur zeigt, geht es zumeist, wenn auch nicht immer, mit größerer und hie und da auch weniger großer Deutlichkeit darum, das Wesen jenes Gottes ins Denken zu bringen, dessen erste und angemessenste Prädikation das Geschick Jesu, besonders zentral das Wort vom Kreuz, darstellt. Nicht der zeitgenössische Säkularismus, Atheismus oder auch Nihilismus verlangt primär ein intensives Überdenken der Gotteslehre, sondern in letzter Konsequenz der harte Kern des Neuen Testamentes selbst. Diese verbreitete, christologische Einsicht unterscheidet theozentrische Theologie vielleicht am gründlichsten von jenen merkwürdigen Erscheinungen eines christlichen Atheismus, der heutigen

Zeitströmungen wenig mehr entgegenzusetzen hatte als eine rasche Kapitulation. Nicht um einen Christus ohne Mythos und Gott geht es, sondern um einen Gott, der auch das Kreuz in sich enthält und erträgt. Kurz, das Fragen nach Gott wird so explizit thematisiert als umgreifender und tragender Horizont der es leitenden Christologie.

2. Erstaunlich erscheint nicht weniger die massive Hinwendung zur theologischen Vertikalen. Sicher handelt es sich auch in dieser Kurzformel um eine leicht mißverstehbare Abbreviatur. Damit sei wenigstens angezeigt, daß ein intensives Fragen nach Gott, nach einer Transzendenz außer, über und jenseits der bloßen, nächstgelegenen Immanenz wieder in den Vordergrund rückte. Genauer gesagt, dieses Fragen wurde aus dem Zwielicht der Irrelevanz herausgeholt und neu auf den Scheffel der Theologie gestellt. Die Bedeutung eines Denkens Gottes liegt nicht nur im Bereich der zwischenmenschlichen Beziehungen. Gott ist nicht nur eine Dimension des gesellschaftlichen Zusammenlebens. Die akuten Probleme der Gesellschaft sind nicht die Basis eines Verstehens Gottes, sondern im besten Fall ist das Denken Gottes die Basis eines theologischen Verstehens der gesellschaftlichen Zusammenhänge.

Gewiß stellen auch diese skizzenhaften Andeutungen noch keine angemessene Zusammenfassung der Gesamtentwicklung dar. Besonders dazu wäre im Interesse einer Zwischenorientierung eine große Menge an Material aufzuarbeiten. Das Fragen nach Gott, nach Sinn, nach Hoffnung lebte so ziemlich parallel auf in der Zeit des Sturms und der Bedrängnis durch harte, gesellschaftliche Fragen. Das Fragen nach Gott bildete nicht nur, doch auf weite und eindrückliche Strecken auch den theologischen Reflex der Jugendbewegung Ende der sechziger Jahre.

So bedeutet die Hinwendung zur Vertikalen nicht immer und nicht unbedingt eine Vernachlässigung der Anliegen einer Horizontal-Theologie. Sehr oft findet sich ein waches, kritisches Gesellschaftsbewußtsein mit entsprechendem sozialpolitischem Einsatz bei den selben Denkern, die alles Gewicht auf das Thema Gott legen können. Das extensive Fragen nach Gott braucht keine Flucht in ein belangloses Jenseits der Spekulation zu sein. Und ginge es auch bis hinein in subtilste Erörterungen des innersten Wesens Gottes, so können noch darin Kräfte freigelegt werden, die nicht irrelevant sind für die gesellschaftlichen Probleme der Zeit. Die Frage nach Gott ist so akut wie die Frage nach Glück und Leben. Die „Sehnsucht nach dem ganz Anderen" (Max Horkheimer) ist gleichrangig der Sehnsucht nach Gerechtigkeit. Gott oder Gesellschaft ist je eine schiefe Alternative. Dies zumindest zeigt ein grober Rückblick auf die bisherige, in dieser Beziehung mehr als nur turbulente Entwicklung.

Dennoch erscheint diese theo-logische Konzentration darum als eher erstaunlich, weil tatsächlich im Bereich der großen Gesellschaftsfragen nach wie vor nicht wenige, dringlich scheinende Postulate anstehen, die bisher nur bedingt und in Ansätzen abgedeckt sind. Zu erwähnen sind etwa die Anliegen einer Öko-Theologie, die vorläufig nur in wenigen, engagierten Vorstößen vorhanden ist. Unter dem Leitprinzip etwa der Naturgerechtigkeit wäre hier unter wesentlich veränderten Gesichtspunkten eine theologia naturalis, eine Theologie der Schöpfung, in konkreter Auseinandersetzung mit dem Wesen der global um sich greifenden Industriegesellschaft zu entwickeln. Zu erwähnen sind die selbst in der Theologie noch allzu peripher bewußten Anliegen einer Wirtschaftsethik[6]. Unter den Leitprinzipien ökonomi-

---

[6] Im Bereich der Sozialethik scheint sich gegenwärtig allerdings

scher Sachgerechtigkeit und gesellschaftspolitischer Sozial-
gerechtigkeit etwa hat sich Theologie unter anderem am heutigen Ringen um verantwortliche, wirtschaftspolitische Ziel-
formulierungen zu beteiligen[7]. Die Beschränkung auf Probleme der Mikro-Ebene eines individuellen Lebensstils geht
nicht an. Die gesellschaftspolitischen Entwicklungsfragen
der Gegenwart und der nächsten Zukunft haben zu viel Gewicht, die Konkretisierung eines alternativen Denkens in
Form von Alternativzielen und Alternativstrategien ist zu
bedeutsam, als daß Theologie und Kirche sich davon dispen-
sieren dürften. Das Thema Gott kann und darf insofern nicht
zum bloßen Alibi, gar zum festgebauten Fluchtturm in stür-
mischer Zeit werden. Theologie hat aus ihrem Traditionsbe-
reich, Erfahrungs- und Denkbereich Wesentliches miteinzu-
bringen in die Auseinandersetzung gesellschaftlicher Basis-
wissenschaften. Falsche Selbstbescheidung wäre hier wohl
ein Verpassen wichtiger Chancen, Verzicht auf die sachhaft
relevanten Gehalte der eigenen Überlieferung, letztlich Ver-
rat an der eigenen Verantwortung.

3. Erstaunlich erscheint etwa auch der verbreitete Konsens.
Die Streitlust der Theologen seit der Orthodoxie ist sprich-
wörtlich, die Belanglosigkeit ihrer Streitereien seit der Auf-
klärung nicht weniger. Noch bis in die vorletzte und letzte
Generation theologischer Größen gehörte das Parteienwesen
und wohl oft auch -unwesen mit gegenseitiger, harter Be-

---

eine Entwicklung zunehmender Zuspitzung auf Themen einer expliziten Wirtschaftsethik abzuzeichnen.
   [7] Vgl. zu diesem Komplex auch: Jahrbuch für Kirche und Gesellschaft, München 1980; darin u. a. *Binswanger/Jäger*, Oekonomie und
Oekologie. Vgl. im weiteren: *Binswanger/Geissberger/Ginsburg:* Der
NAWU-Report, Wege aus der Wohlstandsfalle, Frankfurt a. M.
1978.

kämpfung zum offiziellen Stil der Auseinandersetzung. Man
bezog Position, um darin zugleich einen Bunker und einen
Schützengraben zu haben. Jenseits davon waren vor allem
Gegner ausfindig zu machen und entsprechend zu behandeln,
je nachdem mit Toleranz, Schweigen, Schärfe oder gar Ex-
kommunikation. Die Härte der Weltkriege mit ihren Vor-
und Nachkrisen spiegelte sich zwangsläufig in der Härte der
theologischen Auseinandersetzung, von anderen Ursachen
einmal nicht zu reden. Nun aber wurde alles zur auffallend
friedlichen Symphonie. Zumindest der Bereich der Gottesfrage ist nicht zerstritten durch ansonst möglicherweise
durchaus strittige Fragen. Miteinander im Gespräch, doch
jeder auf seinen besonderen Wegen, im klaren Bewußtsein
um die eigenen Grenzen, im Wissen um den Ernst und die
letztlich unerdenkliche Tiefe der Sache, arbeitet man in vielen
Richtungen am Selben. Nicht Dogmatismus und eigensin-
nige Beharrlichkeit, sondern dogmatische Bescheidenheit
kennzeichnet die theologische Lage.

Wohl ließe sich im Rückblick etwa auf jene Grenz- und
Grundsatzschlachten der theologischen und politischen Zwischenkriegszeit der böse Verdacht anbringen, die heute of-
fenkundige Verträglichkeit der etablierten Theologie, von
einigen Grenzgebieten abgesehen, hänge unmittelbar auch
mit der Unbedeutsamkeit ihrer Fragestellungen, der Fragestellungen der Zeit überhaupt, zusammen. Tatsächlich finden sich kaum harte, polemische Grenzbereinigungen im
Bereich der Gottesfrage. Tatsächlich schwimmt hier sogar
vieles mit im selben Strom, was sich seiner Herkunft wie seiner Intention nach eigentlich kaum vertragen dürfte. Wo man
selbst weich liegt, gibt es offenbar kaum Grund, die Qualität
der anderen Betten genauer zu prüfen.

Wollte man wirklich mit nostalgischem Blick zurück auf
die Kämpfe der Vergangenheit auf mangelnde Grundsätz-

lichkeit und eindimensionale Alternativlosigkeit plädieren, auf ein Bedürfnis nach Scheinharmonie und oberflächlicher Einigkeit, so bliebe doch in und trotz allem eines unverletzt: eben eine durch die Unerdenklichkeit Gottes selbst bedingte Bescheidenheit des Denkens Gottes. Im möglichen Zweifel zwischen einem bitteren Plädoyer auf Plattheit und einer gutmeinenden Interpretation im Sinn dogmatischer Bescheidenheit wäre darum ohne zu zögern der zweiten Sicht das größere Recht zuzusprechen. Theologie lebt vom Diskurs, doch bestimmt nicht nur vom polemischen Diskurs. Auch Offenheit nach allen Seiten kann ihrem Blühen zuträglich sein, wie das Beispiel der heutigen Gottesfrage beweist. Es braucht dies keinesfalls auf Kosten des Profils, der Entschiedenheit und Klarheit zu gehen, wie gerade die wichtigsten Werke zeigen. Jürgen Moltmann spricht nicht ohne Recht sogar von einer „ökumenischen Hoffnung", die sich im Problembereich des Gottesgedankens eröffne[8]. Sogar im Gespräch mit Vertretern des jüdischen Glaubens zeichnen sich überraschend neue Dimensionen ab[9]. In den selben Kontext gehört ohne Zweifel auch die an verschiedenen Orten auftauchende, völlig neue Dialog-Situation im Verhältnis zu anderen Religionen, insbesondere zum japanischen Zen-Buddhismus[10]. Tatsächlich geht die Unruhe um Gott, das Gepacktsein vom „absoluten Geheimnis" (Karl Rahner), über die konfessionellen und sogar theologischen, über die etabliert kirchlichen und sogar religiösen Grenzen hinweg oder auch einfach unter ihnen durch. Wo sich nicht wissende, son-

---

[8] Der gekreuzigte Gott, München 1973², 184.

[9] *Pinchas Lapide/Jürgen Moltmann*, Jüdischer Monotheismus – Christliche Trinitätslehre, München 1979.

[10] Erwähnt sei *Yogi Seiichi/Ulrich Luz,* Gott in Japan, München 1973. *Hans Waldenfels*, Absolutes Nichts, Freiburg 1976. *Ryogi Okochi/Klaus Otte,* Die Gunst des reinen Landes, Bern 1979.

dern fragende, nicht fixierte, sondern im Fragen nach Gott
offene, denkende Menschen begegnen, da werden alte Lehr-
differenzen fraglich. Nicht Gotteslehren sind bei aller Wichtigkeit in letzter Instanz entscheidend, sondern Gott selbst.
Nicht Gottesgedanken bilden den leitenden Orientierungspunkt, sondern die Vergegenwärtigung Gottes im Denken
und Sein. Die erstaunliche Vielfalt der Ansätze und Vorstöße
dieses Denkens spiegelt damit höchstens den Reichtum des
Geheimnisses, von dem es herkommt und auf das es je wieder
zugeht.

Herausforderungen des theozentrischen Denkens

Sehr viel wäre an dieser auffallenden Entwicklung weiter
erklärungsbedürftig. Insbesondere der seltsame, um sich
greifende Konsens muß seine bedeutsamen Gründe haben.
Ohne Zweifel liegen diese Gründe zum nicht geringen Teil in
den allen gemeinsamen Herausforderungen der Zeit, denen
man sich zu stellen gewillt ist. Darauf hin deuten zumindest
die Fronten der geistigen Auseinandersetzung, in denen ein
Denken Gottes entfaltet und verantwortet wird. Insofern bedeutet die Hinwendung zur Gottesfrage das genaue Gegenteil
von einer Flucht aus dem Fluß der Zeit in ewige Sachwerte.
Der folgende Hinweis auf einige der besonders auffallenden
Aspekte ist nicht erschöpfend. Im besten Fall mag er immerhin vermuten lassen, daß ein Ausdenken des Gottesgedankens nicht unberührt an den geistigen und materiellen Bedürfnissen der Zeit vorbeigeht. Die Auseinandersetzung um
Gott bildet offensichtlich im Gegenteil eine Form der Verantwortung des christlichen Glaubens in der Zeit und vor allem für diese Zeit.

1. Zu den Herausforderungen zählt zentral der Atheismus.

Schon der sogenannt christliche Atheismus war dadurch provokant, daß er die Säkularisation der urbanen Industriegesellschaft und die damit verbundene Fiktion des darin lebenden, mündigen Menschen ohne Gott rückhaltlos bejahte. Dahinter aber stand und steht ein viel gewaltigeres Gegenüber: der neuzeitliche Atheismus in seinen vielfältigen Formen bis hin zum radikal nihilistischen „Gott ist tot. Gott bleibt tot". Es fällt darum auf, wie sich lange Passagen einschlägiger Werke intensiv mit dem Phänomen der Gottlosigkeit beschäftigen. Die Auseinandersetzung mit Atheismus und Nihilismus wird gleichsam zum ersten Ort der Bewährung eines Redens von Gott.

Wohl kann dies da und dort mit apologetischen Untertönen und Absichten geschehen. Insbesondere etwa Hans Küngs Gedankenführung legt großen Wert darauf, die größere Rationalität des Gottesglaubens gegenüber zahlreichen Gestalten des Nichtglaubens zu demonstrieren. Hingegen fällt auf weite Strecken der ernsthafte Wille auf, Motiv, Kritik und Zielrichtung des Atheismus und Nihilismus nicht am schwächsten Punkt zu überwinden, sondern in gut bonhoefferscher Art an der stärksten Stelle zu nehmen. Gerade die härteste Provokation hat ihre besonderen Folgen: Iwan Karamasovs leidenschaftlicher Protest gegen einen Gott, der mitschuldig wird an unschuldigem Leid. Die Auseinandersetzung mit dem Protest-Atheismus und den Problemen der Theodizee hat sogar und sehr direkt zu einigen der eindrücklichsten und spekulativsten Gedanken geführt. Gott wird etwa bei Jüngel und Moltmann nicht apathisch jenseits und über aller Welt in einem seligen Licht gedacht, da niemand zukommt. In Gott ist auch Leidenschaft, Leid, Elend, Tod, Kreuz und ein einziges Werden. Gott ist ein werdender und leidender Gott. Gott selbst leidet in und mit der Welt. Gott selbst ist innerstes Wesen einer erst noch werdenden Welt, die

noch nicht heil und gelungen ist. Kreuz und Tod Jesu bilden
die innere Angel eines Werdens Gottes, das noch lange nicht
am Ziel ist. Das Kreuz, die Identifikation Gottes mit dem to-
ten Jesus, ist die „Wende der Zeit" (Jüngel), die große Wende
in Gottes Werden und Prozeß. Gottes eigene Zukunft aber
steht noch aus.

2. Zu den Herausforderungen gehört – der Schritt von daher ist nicht weit – die Wahrnehmung aller Sinnlosigkeit, allen Irrsinns, Unsinns, Widersinns, welche mit zu unserer Zeit
und Gesellschaft gehören. In der scharfen Form einer dezi-
diert politischen Theologie spricht sich dagegen der umiß-
verständliche Protest aus. Die Hoffnung auf Menschenwür-
digkeit und Glück läßt bestehendes Unglück um so schärfer
sichtbar, spürbar und unleidlich werden. Die Hoffnung auf
die Chance der Befreiung läßt bestehende Zwänge desto aku-
ter empfindbar werden. Der Glaube an den Gott der Gerechtigkeit setzt sich in aktiven Widerspruch zu allen Formen
wahrnehmbarer Ungerechtigkeit. Gerade unter diesem
Aspekt wird besonders deutlich, wie wenig das heutige Fragen nach Gott mit einem „abstrakten Theozentrismus" (Jan
Milič Lochmann) zu tun hat. Wird Gott auf Ernst Blochs
Spuren als ein Gott des Exodus verstanden, dessen wichtigste
Eigenschaft „nicht Herrschafts-, sondern Erlösungs- und
Freiheitsinteresse" ist, so schlägt dieses Verstehen von Gott
sogleich und mit innerer Notwendigkeit um in eine Theologie der Befreiung[11]. Glaube an Gott wird eins mit dem Weg
zur Freiheit. Das Reden von Gott setzt sich konkret um in gesellschaftliche Aktion und hat sich daran zu bewähren. Gott
ist Grund und Motiv, aber auch Verheißung und Hoffnungs-
horizont des Handelns. Darauf aber zielt alles Denken hin.

---

[11] *Jan Milič Lochmann*, Wegweisung der Freiheit, Gütersloh 1979,
39.

Theologie enthält im Kern den ethischen Impuls, alle Verhältnisse zu verändern, in denen der Mensch ein geknechtetes und unfreies, Gott nicht entsprechendes Wesen ist.

Doch auch dort, wo gesellschaftliche Fragen weniger pointiert behandelt werden, kann die Sinnfrage die zentrale Stelle einnehmen. Als roter Faden zieht sich durch die einschlägige Literatur die häufige Meinung, diese Frage sei die tiefste Frage des Menschen. Mehr noch, das Fragen nach Sinn sei letztlich nichts anderes als ein Fragen nach Gott. Das vielfältige Fragen des Menschen nach Sinn, das Hoffen trotz aller Sinnlosigkeit auf eine sinnerfüllte Welt, die Sehnsucht nach einer letzten Geborgenheit, Getragenheit, zielt auf vielen Wegen und Irrwegen auf das, was heute längst nicht mehr alle Gott nennen. Gott wird darum immer auch wieder gedacht als letzter, alles umgreifender Sinngrund. Gottesglaube, darin wesentlich enthalten und mitgedacht Christusglaube, wird so zum Leben aus einem letzten Urvertrauen trotz allen Abgründen des Sinnlosen, zu einer beharrlichen Hoffnung auf die Chance der Liebe in der Welt.

Auch unter diesem zweiten Aspekt der Sinnfrage verkoppelt sich das Reden von Gott nicht weniger unmittelbar mit einer bestimmten Grundhaltung menschlicher Existenz. Das Denken Gottes kann, wie besonders deutlich bei Gerhard Ebeling, sogar in der Reflexion des menschlichen Stehens „coram deo", vor Gott, explizit verankert sein. Die theozentrische Ausrichtung seiner ganzen Dogmatik hat in diesem anthropologischen, wohl nicht anthropozentrischen Grundzug ihr Gegengewicht. Es ist dies ein anderer Weg, um nicht in einen „abstrakten Theozentrismus" zu geraten. Intensive phänomenologische Analysen der condition humaine betten die Rede von Gott ein in die gelebte Realität des Lebens.

Nicht ohne Grund wurde bereits darauf verwiesen, daß sich unter dem großen Gewölbe der Einhelligkeit im Bereich der Gottesfrage sehr verschiedene Denkwege finden können. Mit dieser Feststellung ist kein langweiliger Pluralismus gemeint. Im Gegenteil, es besteht nicht grundlos die Vermutung, daß verschiedene Positionen sich sachhaft gesehen etwa so vertragen müßten wie Feuer und Wasser. Es dürfte unter anderem die Stärke des zugrundeliegenden Konsenses sein, die ein akutes Aufbrechen der bestehenden Differenzen verhindert. Ein demokratisch toleranter Stil der Auseinandersetzung schweigt dort eher, wo die theologische Zwischenkriegsgeneration noch aus allen Rohren geschossen hätte. Eine besonders eindrückliche Illustration dafür stellen ohne Zweifel die beiden eben erwähnten Richtungen einer Beschäftigung mit dem real existierenden Bösen im Hinblick auf Sinn und Gott dar. Ob der Akzent mehr auf reale Ungerechtigkeiten der gesellschaftlichen Verhältnisse oder auf das nicht weniger real gedachte und erfahrbare Sündersein der menschlichen Einzelexistenz gelegt wird, ist nicht nur eine Frage des Akzents, des Stils und Geschmacks. Dazwischen öffnen sich abgründige Gräben. Nur an unernsten Zauber grenzende Kunst könnte hier die auf verschiedenen Ebenen spielenden Differenzen rasch auf einen Nenner bringen wollen. Vor allem im Bereich der politischen Konkretion dürften sich in diesem besonders angesprochenen Fall die Gegensätze hart im Raume stoßen. Doch wären neben diesem profilierten Beispiel noch zahlreiche, kaum versöhnbare Divergenzen aus anderen Bereichen aufweisbar. Man braucht kaum in die äußersten Extreme der theologischen Situation zu gehen, um Sprengstoff zu finden. Im Zeichen eines großen Friedens findet man ihn entschärft auch unter der Decke eines breiten Konsenses.

3. Nicht weniger wurde zur Herausforderung der „Zukunftsschock" (Alvin Toffler). Die verbreitete Betroffenheit

durch die anstehenden, gesellschaftlichen Entwicklungs- und Zukunftsfragen, die Probleme einer Überlebensstrategie der Gesellschaft, das lebenswichtige Hineinleuchten in die Möglichkeiten, Unmöglichkeiten, Alternativen und Abgründe einer längerfristigen Zukunft kann spürbar werden bis hinein in subtilste Spekulationen des Gottesgedankens. Unter diesem Aspekt hat man da und dort in der Theologie entdeckt, daß zur sogenannt säkularisierten Gesellschaft der Moderne und „Nachmoderne"[12] durchaus auch und sogar massiv eine bestimmte Transzendenzerfahrung gehört. Die Moderne mag gemäß Säkularisationstheorie religionslos sein. Sie ist aber ganz gewiß nicht transzendenzlos. Der Einbruch und die Macht der Transzendenz wird in anderer Weise wohl nicht weniger wuchtig erlebt, als ein mittelalterlicher Mensch die Hand Gottes über allem spürte. Transzendenz wird allerdings nicht mehr über, sondern vor allem, vorne an der Front der Entwicklung und allem voraus erfahren. Transzendenz kommt nicht von oben, sondern von vorne her. Transzendenzerfahrung als Zukunftserfahrung charakterisiert das Wesen einer auf permanenten Wandel eingerichteten Gesellschaft. Zukunft beginnt nicht, wie dies ein ordinäres Zeitverständnis will, erst morgen oder übermorgen. Zukunft ist eine überwältigende Macht der Gegenwart, die mit allen ihren Möglichkeiten und Unmöglichkeiten heute schon Grund zur Angst und Sorge, doch auch Grund zur Hoffnung, Anstoß zur Planung und Sicherung wie den Anstoß zum Aufbruch und reinen Risiko gibt.

So liegt es nahe, in den Strukturen heutiger Zukunfterfahrung die Realität des biblischen Gottes zu suchen und wohl gar zu entdecken. Theologie wird in dieser Hinsicht zur

---

[12] Vgl. zu diesem Begriff *Theodor Leuenberger/Rudolf Schilling*, Die Ohnmacht des Bürgers. Plädoyer für eine nachmoderne Gesellschaft, Frankfurt a. M. 1977.

Theologie der Zukunft, sogar der „absoluten Zukunft" (Karl
Rahner). Gott wird denkbar als ein Gott mit „Futurum als
Seinsbeschaffenheit" (Ernst Bloch), als „derjenige, der unsere Zukunft ist und menschliche Zukunft neu schafft"[13].
Gott kommt in der verhüllten Gestalt, alltäglich „Zukunft"
genannt, von vorn als die fundamentale Lebensmöglichkeit
des Menschen und der Menschheit überhaupt. Aufgabe der
Theologie wird es, nicht nur das biblische Erbe in eine veränderte Zeit und Gesellschaft hinüberzubringen, sondern ineins
damit, das theologisch bedeutsame Wesen dieser Gesellschaft
im Wandel selbst aufzudecken.

4. Keine geringe Herausforderung stellt, im Blick auf die
Gesamtsituation zwar eher am Rand, bei einigen Theologen
jedoch um so nachhaltiger, die neuere und neueste Entwicklung der Wissenschaftstheorie dar. Ob und wie der Satz
„Gott ist" als wissenschaftlich-theoretischer Satz im Konzert
der Wissenschaften vertretbar sei, steht zur Debatte. Die
Aufarbeitung der Entwicklung des Logischen Positivismus
von seinen radikalen, agnostischen, antimetaphysischen und
zugleich antitheologischen Anfängen bis zu den späten Blü-
ten eines „anything goes" (Paul Feyerabend), wo endlich alles wieder denkbar, möglich und erlaubt wird, wurde zwar
spät, aber desto konsequenter an die Hand genommen. In
dieser Front setzt sich Theologie mit offenem Visier einem
der radikalsten Angriffe auf ihre Existenz aus, der je vorge-
tragen wurde: dem schlichten Verdacht, mehr noch der lei-
denschaftslosen Feststellung ihrer totalen Belanglosigkeit.
Diese Bedeutung dieser Front wurde bisher wohl noch kaum
gebührend genug beachtet. Die Auseinandersetzung mit der
wissenschaftstheoretischen Agnostik gehört in dieser Hin-

---

[13] *Edward Schillebeeckx*, Gott – Die Zukunft des Menschen, Mainz
1969, 153.

sicht in eine Linie mit der intensiven Behandlung des zeitge-
nössischen Atheismus. Nur daß ein Ernstnehmen und Bewältigen der aufgeklärten Ignoranz wissenschaftstheoreti-
scher Gelehrsamkeit ungleich schwieriger ist als das Wahrnehmen einer platten, harten Leugnung Gottes im Stil des
19. Jahrhunderts, und dies nicht nur in intellektueller Hinsicht. Ins selbe Kapitel gehört im weiteren Sinn ohne Zweifel
auch die theologische Diskussion mit dem kritischen Ratio-
nalismus.

Immerhin, die Berührung der Theologie mit anderen Wissenschaften geschieht hier wieder, und sie geschieht nicht
mehr gleichsam von Wohnung zu Wohnung über den Haus-
flur, sondern auf der obersten Attika-Etage einer Universal-
theorie der Wissenschaft überhaupt. Nicht traditionell bekannte Einzelkontroversen mit Einzelwissenschaften wie
Theologie und Evolution, Theologie und Naturgesetze,
Theologie und Anthropologie, Psychologie und Soziologie
stehen hier neu zur Debatte. All dies übergreifend steht das
Verhältnis von Theologie und Wissenschaft überhaupt in
Frage, konkret durchgespielt anhand einer kritischen Aufarbeitung der neueren Entwicklung von Wissenschaftstheorie.
Von Gott zu sprechen wird darin bei einigem Glück und
Scharfsinn zur durchaus vertretbaren, brauchbaren, sinnvol-
len theoretischen „Hypothese" (Wohlhart Pannenberg). Eine
„Rekonstruktion der Frage nach der Wirklichkeit Gottes"
kommt im vollen Bewußtsein der theoretischen Schwierigkeiten dennoch in Frage[14]. Theologie kann sich als wissenschaftliche Theorie wieder sehen lassen.

Es läßt sich ohne bösen Willen, aber mit etwas Grund kri-

---

[14] *Wolfhart Pannenberg*, Wissenschaftstheorie und Theologie,
Frankfurt a. M. 1977, Sonderausgabe, 336. *Helmut Peukert*, Wissenschaftstheorie – Handlungstheologie – Fundamentaltheologie, Düs-
seldorf 1976, 307.

tisch vermuten, die wissenschaftstheoretische Durchprägung
der Theologie diene letztlich auch einer eher fraglichen Apologie einer eher fragwürdig gewordenen Stellung der Theologie im Hochhaus der Universität. Zugleich läßt sich fragen,
ob der Satz „Gott ist" ein wissenschaftlicher Satz je sein könne, weil er vermutlich und letztlich kein wissenschaftlicher
Satz sein dürfe. „Die Wissenschaft denkt nicht"[15]. Diese harte, nicht weniger wissenschaftstheoretische Behauptung
Heideggers, in kritischer Distanz zum Wissenschaftsbetrieb,
doch im Wissen um die Bedeutung des Fragens nach Sein und
Gott, enthält nach wie vor relevante Grenzüberlegungen.
Womit die andere Frage offen bleibt, ob der Satz „Gott ist",
wenn nicht eine wissenschaftliche, so doch und durchaus eine
wissenschaftstheoretisch sinnvolle Aussage sei. Wie auch
immer, es greift diese besondere Thematik, obwohl dem Stil
und Niveau nach eher elitär, mit gutem Grund ins selbe, innerste Sanctum der Theologie. Es ist wohl das außerordent-
lich hohe Abstraktionsniveau, das bisher verhindert hat, die
strategisch große Bedeutung dieser Front der theologischen
Auseinandersetzung sichtbar genug werden zu lassen.

5. Zu den Herausforderungen zählt jedoch primär und
über allem Gott selbst. Gewiß vibriert heutige Theologie sehr
stark mit den verschiedenen Zeitströmungen. Besonders die
Jugendbewegung der sechziger und siebziger Jahre hat gerade
in ihrem Denk- und Handlungsbereich nachhaltige Wirkungen gezeigt. Das Mitleben, Mitleiden auch, die Mitverant-
wortung der Gegenwart und die Mithoffnung für die Zeit
und nächste Zukunft gehört zu den Selbstverständlichkeiten.
Letztlich sind es jedoch nicht Zeiterscheinungen, die solches
Denken bewegen. Auch wenn man die bisherige Liste der
Herausforderungen der Zeit noch weiter verlängerte, so wäre

---

[15] *Martin Heidegger*, Was heißt Denken?, Tübingen 1954, 1971³, 4.

damit noch immer nicht an den eigentlichen Nerv der Sache gerührt. Eine tiefe Befangenheit, ja Gefangenheit, im innersten Kern theologischer Aussagen ist eindrücklich und allüberall zu spüren. Nur ein schlechtes Ohr könnte das wohl überhören. Nur ein schlechtes Auge könnte da bloß rasch vergänglichen Zeitstil wahrnehmen. Nur Gedankenlosigkeit wäre in der Lage, darin nichts Belangvolles finden zu können für die Erfahrung und Praxis des gelebten Glaubens, für Gemeinde, Kirche und Gesellschaft.

Eine eigentliche Faszination durch die „Sache mit Gott" (Heinz Zahrnt) selbst ist auf weite Strecken anzutreffen. Gott selbst wird nicht nur glaubend, sondern auch denkend als Fascinosum erfahren, wie auch immer gedacht: • Gott als befreiende Zukunft (Moltmann, Metz, Schillebeeckx) • Gott als Überseiendes (Jüngel) • Gott als Seinsgrund und Sinngrund (Gollwitzer, Buri, Küng) • Gott als Inbegriff der werdenden Realität (Ogden) • Gott als absolutes Geheimnis (Rahner) • Gott als das letzte Gegenüber, das alles umgreifende Du (Ott) • Gott als tiefstes Geheimnis der Wirklichkeit (Ebeling) • Gott als das faszinierende ganz Andere, die unentdeckte terra incognita mitten in dieser Welt. Die Liste ist wahrhaftig nicht vollständig. Doch wie auch immer im Großen und Einzelnen ausgedacht, Theologie wird zur denkenden Vergegenwärtigung jener Wirklichkeit, die alles übergreift und doch in allem sich vergegenwärtigt, die verdrängt, verleugnet und gekreuzigt werden kann und doch immer wieder befreiend, sprengend neu da ist, die seit eh geglaubt, verkündigt und gedacht wird und doch je neu Glauben, neue Hoffnung und Verkündigung, neues Denken und Handeln provoziert. „Ich bin, der ich bin" – mit Luther übersetzt: „Ich werde sein, der ich sein werde" –: In der denkenden Vergegenwärtigung dieser rätselhaft befreiend sich anmeldenden Wirklichkeit hat sie heute ihr Proprium zu bestehen.

Eine Zwischenbilanz

Im Rück- und Überblick auf das Gesamt dieser Entwicklung darf mit Fug und noch mehr Recht behauptet werden,
daß für die nächsten Jahre weitere Werke zur Gotteslehre
kaum zu den dringlichsten Bedürfnissen gehören. Es ist in
dieser Richtung ungeheuer viel gesagt, gedacht, gelehrt und
auch publiziert worden. Mindestens vom Verleger-Stand-
punkt aus, der die theologische Buchproduktion der letzten
Zeit massiv und wohl nicht immer nur zum Guten der Theologie mitgesteuert hat, dürfte der Markt langsam gesättigt
sein – Irrtum natürlich vorbehalten. Andere und neue
Schwerpunkte dürften weiterhin größere Wirkung erzielen.
Andere Themen der Theologie auf breiterer Ebene lagen
schon lange und liegen noch immer näher. Die Angst, ein
Hemmnis, eine Verachtung oft auch, nicht selten das blanke
Unverständnis und die blinde Unwilligkeit gegenüber der
strengen Arbeit reinen Denkens ist groß, und dies gerade in
Theologie und Kirche selbst. Nicht ohne Grund nennt Jüngel
dieses Phänomen einmal harsch und unzweideutig „die
große dogmatische Verweigerung und die ihr korrespondie-
rende systematische Verwahrlosung, die vor etwa zehn Jahren über Theologie und Kirche hereinbrachen"[16].

Wichtiger als die lineare Weiterentwicklung der bisherigen
Linien im Bereich der Gottesfrage, die zwangsläufig in eine
Art Inflation der Gedanken zum Thema führen müßte, sind
daher wohl einige Zwischenüberlegungen.

1. Ein Marschhalt im Sinn einer kritischen Zwischenbilanz
dürfte nicht überflüssig sein. Allzusehr gleicht die ganze

---

[16] Konsensbildende Dogmatik. Eine Besprechung von Gerhard
Ebelings erstem Band der Dogmatik, Neue Zürcher Zeitung 24. 8.
79, 39.

Entwicklung einem zwar lustig, oft sogar wunderschön blü-
henden, aber doch allzu wildwuchernden Garten ohne Gärt-
ner. Nur mit großer Vorliebe und etwas Scharfblick ist darin
noch eine Gesamtanlage zu entdecken. Wer damit vielleicht
etwas weniger Umgang hat, dem begegnet wohl vor allem
umfangreiches Dickicht und ein Gedankengestrüpp, das wenig einladend scheint. Die „dogmatische Verweigerung",
wie Jüngel sagt, hat sehr wahrscheinlich auch dogmatische
Gründe. Ein Überblick über das Ganze ist nur mehr mühsam
möglich, nicht zu reden davon, daß die Abgründe eines Denkens Gottes noch kaum je allzu zugänglich waren.

Hauptaufgabe einer sehr vorläufigen Bilanz kann jedoch
nicht die bloße Orientierung sein, wie sie hier reichlich sum-
marisch versucht wurde. Zwar mag sie dringend geboten
sein, doch reicht sie noch nicht an die Hauptsache heran. Im
Zentrum steht vielmehr die lapidare Frage, was all dies nun
wirklich gebracht habe, wo wir damit eigentlich stehen, wo-
hin die nächsten Schritte zu lenken sind. Auch eine grundsätzliche Bejahung, kritische Solidarität, auch tiefer Respekt
vor den gedanklichen Leistungen vieler, sogar eine gewisse
Faszination und Freude über diese Entwicklung, enthebt
nicht der Aufgabe, Kritik zu üben mit der Rückfrage, ob
Theologie ihren äußeren und vor allem inneren Herausforderungen wirklich angemessen begegnet sei, um so ihr Pflich-
tenheft im Haus der Universität, der Heimat der Kirche, im
Hinblick auf diese Zeit und die nächste Zukunft wahrzunehmen.

2. Zunehmend mehr geboten erscheint eine interne Verla-
gerung und zugleich Vertiefung der Thematik von der Gottesfrage in den Problembereich einer Grundlegung der Theologie überhaupt. Damit ist gerade nicht gemeint, die theozentrische Ausrichtung heutiger Theologie sei zu revidieren. Es

handelt sich um eine neue Akzentsetzung innerhalb des selben Problemhorizontes. Eine Verschiebung der leitenden Problematik, um in traditionell dogmatischen Begriffen zu sprechen, von der Gotteslehre in den Bereich der sogenannten Prolegomena liegt nahe. Die Prolegomena, in der Neuzeit als Eintrittstor in die Sache selbst zunehmend wichtiger geworden, bilden nicht nur den bloßen Vorhof eines endlosen Wenn und Aber. Darin geht es schlicht um Grundentscheidungen theologischen Denkens. Darin ist im besten Fall alles dicht präsent, was es nachher ausgeführt und dokumentiert auch noch zu denken und zu sagen gibt. Damit sei das Weitere nicht abgewertet zugunsten einer problematisierenden Dauerreflexion der Grundsätze. Vielmehr bestimmen die einzelnen Passagen einer Dogmatik wesentlich diese ersten Überlegungen mit. Grundentscheidungen sind insofern nicht zu verwechseln mit unguten Vorentscheidungen, die unabhängig vom theologischen Stoff nach sachfremden Kriterien gefällt werden. Zu den besonders wichtigen, alles grundsätzliche Überlegen leitenden Lehrteilen gehört heute neben der Christologie, Eschatologie und Ethik vor allem die Gotteslehre.

Anders gesagt, das Denken Gottes ist zunehmend mehr zum Ort geworden, wo Theologie primär ihre Gedanken festmacht und daraus entfaltet. Unter dem Ansturm der Zeit und Zukunft liegt dies zwar mehr als nur nahe. Theologie ist heute vornehmlich nach Gott gefragt. Dennoch, der Akzent dieser Feststellung liegt auf „festmachen", ein anderes Wort für den Entscheid in grundsätzlichen Fragen. Festmachen bedeutet in einer ungefähren Bestimmung soviel wie anfangen, sich einüben, ansetzen, einen Ort finden, von dem aus gedacht wird, eine Richtung einschlagen, in der man Wesentliches zu sehen glaubt, einen Weg, auf dem man sich bewegt, der einen in Stand setzt, etwas zu verstehen, zu erhellen,

sinnvoll zu sagen und zu tun. Ein Festmachen, ein Grundentscheid in grundsätzlichen Fragen, wird jedoch zur blinden,
gedankenlosen Willkür, wo nur dieses eine Element beachtet
wird. Ein Entscheid ohne zureichende Kenntnis und Klärung
des Problemfeldes selbst wird dogmatisch im schlechten Sinn
des Wortes. Festmachen bedeutet darum zugleich, zuerst und
noch viel mehr ein Erfahren, eine Ahnung, eine Gewißheit,
daß alles Denken und Sagen im abgründig Ungedachten und
Ungesagten schwebt, daraus lebt, darauf hin und davon her
sich bewegt.

Die Behauptung wäre mehr als falsch, heutige Gotteslehre
wisse davon nichts. Das genaue Gegenteil ist der Fall. Wichtige Bereiche dieses Denkens beschäftigen sich mit Grund-
satzfragen. Hier geht es nicht nur um die Frage: Wer ist Gott?
Zugleich geht es um die Frage: Wie ist Theologie überhaupt
möglich? Daß diese beiden Fragen in engster Verbindung gesehen werden, das macht sogar das hervorstechendste
Merkmal dieser ganzen Entwicklung aus. Die Frage nach der
Möglichkeit von Theologie wird unter diesen Auspizien sogar ausdrücklich zur Frage nach der Möglichkeit eines Denkens Gottes. Theologie bemüht sich, gerade in diesem Bereich zur Grundsätzlichkeit vorzustoßen und ihre eigene
Grundsätzlichkeit zu bewältigen.

Dagegen ist kaum ein solides Argument mobilisierbar. Es
entspricht dies nicht nur heutigen Anforderungen, sondern
zugleich guter Tradition. Wo, wenn nicht in diesem Problemfeld – gewiß nicht isoliert von anderen Aussageberei-
chen – hat und hatte Theologie das Ihre zu sagen. Dennoch,
heutige Theologie scheint noch zu sehr unter dem Druck von
außen zu stehen, auf weite Strecken vor allem auf den Druck
der Anfrage nach Gott von außen zu reagieren. Die bisherige
Grundsatzdebatte kommt, wo es um wichtige Grundsatzfra-
gen geht, eher selten über Einzelaussagen hinaus. Es dürfte

daher kein Zufall sein, daß sie in diesem Problembereich, von wenigen, um so wichtigeren Beispielen abgesehen, häufig rasch und wohl allzu unbedacht auf Denkpfade theologischer und philosophischer Herkunft zurückgreift, die, schon lange vorgedacht, vor allem ihre innere Fragwürdigkeit schon längst kaum mehr verhehlen können.

Die Grundsätzlichkeit muß verstärkter selbst zum Grundsatz erhoben werden. Das Fragen nach dem „Festmachen" des theologischen Gedankens muß intensiver zum Thema selbst werden, wäre es auch nur, damit einsichtig werde, wie ein Sichfestmachen im Sinn der Versicherung in einem beruhigten Standort zur Unmöglichkeit geworden ist. Das Postulat ist alles andere als neu. Es hat seine eigene, lange Geschichte der Theologie hinter sich, verlangt jedoch unter neuen Bedingungen je wieder ein neues Eindringen. Auch wenn die theozentrische Ausrichtung damit nicht verlassen wird, verschiebt sich der Bereich des Fragens doch um eine weitere Stufe. Nicht um offene oder auch verdeckte Apologie gegenüber Säkularismus, Atheismus, Nihilismus, Agnostik geht es primär, und wäre auch noch so glänzende Apologie. Nicht allein um ein Reden von Gott in der Sprache der Zeit geht es, und wäre es auch ein noch so prägnantes Reden und Verkündigen. Im Kern der Thematik bohrt ein Wurm, der noch radikaler ans Mark geht als alle äußeren Herausforderungen. Wie ist ein Denken Gottes möglich? Wie ist Theologie überhaupt als ein Denken Gottes möglich? Das ist trotz ihrer kantischen Form keine Frage von außen mehr. Darauf hat auch heutige Theologie angemessen zu antworten, nicht unter Beanspruchung ausgedachter, in sich selber mehr als problematischer Denkwege, sondern in möglichst klarer Sicht der Probleme, die sich hier stellen.

3. Der Akzent, der damit gesetzt wird, kann vielleicht fun-

damentale Besinnung genannt werden. „Eine Wegrichtung
einschlagen, die eine Sache von sich aus schon genommen
hat, heißt in unserer Sprache sinnan, sinnen. Sich auf den Sinn
einlassen, ist das Wesen der Besinnung. Dies meint mehr als
das bloße Bewußtmachen von etwas. Wir sind noch nicht bei
der Besinnung, wenn wir nur bei Bewußtsein sind. Besinnung ist mehr. Sie ist die Gelassenheit zum Fragwürdigen."[17]
Theozentrisch ausgerichtete Theologie führt zwangsläufig
über zur expliziten Aufarbeitung dessen, was sie im Innersten
möglich und unmöglich macht. Der Satz „Gott ist", anstatt
etwas vom Selbstverständlichsten zu sein, wird verstärkt
zum Fragwürdigsten erklärt, um im Wirbel der damit zusammenhängenden Fragen jedoch einen Grundentscheid
vorzubereiten, auf dem alles weitere Denken beruhen kann.
Besinnung heißt daher zuerst fragen lernen, ein kritisch den-
kendes sich Einrichten im grundsätzlichen Problembereich.
Alles Reden, erst recht alles Reden von Gott, ohne das gehö-
rige Mitschwingen der damit zusammenhängenden Fragen
wird zur Gedankenlosigkeit. Gedanken ohne den Antrieb des
zugrundeliegenden Fragens erstarren zur bloßen Formel. Alles noch so bestimmte Sagen hebt das vorhergehende, tragende Fragen nicht auf, sondern baut an der Brücke zwischen
Fragen und Gefragtem. Theozentrische Theologie, wo sie ins
Grundsätzliche verstößt, ist fragende Theologie und bleibt es
bis zum letzten, noch so festen Wort.

Damit ist auch gesagt, daß die folgenden Thesen zur Gottesfrage – die Zahl zehn ist zwar rund, aber völlig beliebig –
bei aller Bestimmtheit keinen Ausbruch eines Gottes- und
selbstsicheren Redens darstellen. Noch weniger ist daran gedacht, all das souverän zur Seite zu schieben, was bis heute im
selben Denkbereich aufgearbeitet wurde. Sie leben im Ge-

---

[17] *Martin Heidegger*, Vorträge und Aufsätze I, 1967³, 60.

genteil aus einer kritischen Solidarität mit der theozentri-
schen Perspektive heutiger Theologie. Das Besondere, das
ihre Existenzberechtigung wohl ausmacht, liegt jedoch darin, daß sie einer weiteren Herausforderung standzuhalten suchen, die mit dem vieldeutigen Wort „Metaphysik" signalisiert werden kann. Diese ins Grundsätzliche zielende Problematik geistert, sehr am Rand zwar, durch die ganze Diskussion des Themas. Hinweise auf das heikle Thema „Theologie und Metaphysik" tauchen da und dort peripher auf, un-
ausgesprochen wohl verbunden mit einer nicht allzu begeisterten Rückerinnerung an die einstige, phänomenale Bedeutung Martin Heideggers in der Theologie. Bedeutung, und in
gewisser Hinsicht sogar Gefährlichkeit, der Sache für ein
Denken Gottes wurde jedoch bisher noch kaum genügend
wahrgenommen. Dabei handelt es sich für metaphysisch geprägte Theologie um eine Herausforderung, die sie in ihrem
innersten, metaphysischen Wesen betreffen muß.

Dieser weitere Problembereich wird mit einigen thesen-
haften Strichen noch keineswegs zureichend bewältigt. Nicht
Weniges, was zur Entfaltung einer theologischen Grundent-
scheidung unter dem Vorzeichen dieses Themas mit dazu gehören müßte, kann sogar mit gutem Grund an den folgenden
Verweisen vermißt werden, indem es späterer Ausarbeitung
vorbehalten bleibt. Im besten Fall gelingt es, das Problem
selbst wenigstens als Problem in angemessener Schärfe spürbar werden zu lassen[18]. Die Gefahr der Mißverständlichkeit

---

[18] Die Entstehung der Thesen beruht auf einer Auseinandersetz-
zung mit dem Denkweg Martin Heideggers und im weiteren Sinn
mit der Bedeutung des deutschen Idealismus, insbesondere der Frei-
heitsphilosophie Schellings. Diese Beschäftigung bildet den zugrundeliegenden Resonanzboden, der darin mitschwingt. Vgl. *A.
Jäger*, Gott. Nochmals Martin Heidegger, Tübingen 1978. Die vorliegende Fassung der Thesen bildet eine Überarbeitung der S.
445–483 versuchten, wenig zureichenden Form. Buchstäblich ein-

und Unvollständigkeit im einzelnen wird darum vielleicht kompensiert durch die deutliche Stoßrichtung im ganzen, in der einige erste Signale gesetzt werden. Daß die Thematik „Theologie und Metaphysik" kein beliebiges Privatunternehmen nebenher darstellt, sondern im bisher aufgerollten Horizont zwangsläufig und sachhaft notwendig sich einstellen muß, dürfte sich von verschiedenen Seiten von selbst zeigen.

An der Grenze metaphysischer Möglichkeiten

Um diese Stoßrichtung, unter Absehen von anderen Hinsichten, die in diesem Zusammenhang auch zum Zuge kommen müßten, schlaglichtartig im Rückblick und Vorblick anzudeuten, kann sich ein Vergleich nahelegen. Theologie befindet sich, was streng und nur das Denken des Gottesgedankens anbelangt, in derselben Lage wie Kolumbus vor der Entdeckung Amerikas. Die alte, bekannte Welt ist an ihren Grenzen. Ahnungen, Hinweise, taugliche und überzogene Ideen, Hoffnungen, Hypothesen, die allesamt die Grenze überschreitend in die neue Welt irgend hinüberweisen, weil sie allesamt von der Realmöglichkeit der ganz anderen Welt her fasziniert, ergriffen, gepackt sind, sind zwar zahllos. Doch die neue Welt jenseits des Meeres, jenseits aller sichtbaren Horizonte, ist das schlicht Unentdeckte, die noch zu entdeckende und erfahrende terra incognita, und doch ist sie gerade als unentdeckte schon mehr als nur da, indem sie zu anderen Ufern ruft, lockt, provoziert.

Mißverständlich und sogar mißlich mag an diesem Bild einiges sein, wobei die Tatsache, daß es aus der Profange-

---

gemauert hinter mehreren hundert Seiten der Problembearbeitung, legte sich eine gesonderte Veröffentlichung nahe, indem sie wohl auch ohne diesen Vorspann verstehbar werden.

schichte stammt, nicht zuallererst störend zu sein braucht. Kolumbus zog vor allem um des schnöden Mammons willen aus. Um so brauchbarer mag daran das Bild des Meeres sein, das so unentdeckt und unerfahren ist wie das Land dahinter, und doch brandet dieses selbe, alte Meer schon seit Urzeiten ans Ufer. Anders gesagt, nach wie vor, weil je, ist Gott das Ungedachte allen Denkens der Theologie, das Unerhörte in all ihrem Hören und Lauschen, das Ungesagte in all ihrem Sagen, Reden, Schreiben, Verkündigen, Publizieren – und Schweigen. Gott als das faszinierend Ungedachte ist so nah und gegenwärtig und darin stark wie das Meer. Gott als das Ungedachte des Denkens ist so unerfahren fern und neu wie eine unentdeckte, neue Welt. Ein Denken Gottes ist – nicht gegen, sondern je mit und aus aller Tradition dieses Denkens heraus – ein abenteuerliches Sicheinlassen auf Gottes ungedachte Wirklichkeit.

Um nach einer andern Metapher zu greifen, die vielleicht weniger Mißverständnisse mit sich bringt und zugleich dem biblischen Sprachraum entstammt: Theologie ist, was streng und nur die Möglichkeit eines Denkens Gottes anbelangt, in derselben Situation wie Abraham vor dem Auszug aus Haran, wie Israel vor dem Exodus aus Ägypten. Gott ruft. Abraham und nach seinem Vorbild das spätere Israel lockt die Wüste. Das bisherige Leben wäre sicherer, angenehmer. Die Fleischtöpfe Ägyptens haben auch einiges an sich, unter anderem das Sklavendasein. Gemessen daran ist Gott fern, bekannt höchstens durch einige alte, heilige Erinnerungen der Väter. Doch da ist zugleich die neue Verheißung und neue Gegenwart dieses Gottes, dessen Feuersäule in die Wüste voran geht. Der Schritt ins Unentdeckte und Unerfahrene birgt nur Risiken, doch auch die Chance der Gegenwart Gottes in einem Land, wo Milch und Honig fließt.

Ohne Zweifel verlangt auch ein solches Bild nicht wenig an Erläuterung. In Frage steht besonders, inwiefern sich ein solches Bild auf Theologie überhaupt und aller Zeiten beziehe und wie weit es vor allem auf heutige Gesichtspunkte bezogen und dadurch begrenzt sei. Das erste, unmäßige Urteil kann vernachlässigt werden zugunsten einer Zuspitzung auf gegenwärtige Horizonte und Grenzen des Denkens. Im besten Fall deutet der Vergleich in dieser Hinsicht an, daß sich gerade auch das Denken Gottes noch immer auf der Spur der Befreiung aus allzu selbstverständlichen, allzu gangbaren und angenehmen Zwängen befindet. Die Feuertaufe einer Theologie der Freiheit geschieht wohl nicht allein im Kampfgelände der harten Wirklichkeit, sondern zugleich und nicht weniger in diesem innersten Bereich des Denkens. Die Fleischtöpfe überlieferter Metaphysik sind voll von Gedanken, daß ein Denken daraus mehr als nur reich und eindrücklich sicher scheinen kann. Der Schritt über die Grenze in die reine Besinnung, in die Kargheit der Wüste des reinen Fragens nach dem Ungedachten, lockt kaum und verspricht dennoch eine Nähe Gottes in einem Land ohne Pflicht zum Bau von Pyramiden für tote Könige.

Metaphern sind trotz Pointen vieldeutig und gerade darum verführerisch vielsagend. Man hat dies anhand der Gleichnisse Jesu im Bereich der sogenannt narrativen Theologie schon einige Zeit neu entdeckt. Dennoch kommt die reine Bildersprache für strenges Denken der Theologie darum nicht in Frage, weil diese der Pflicht zur rationalen Unzweideutigkeit untersteht. Theologie ist nicht Dichtung, auch wenn die Sprachgrenze dazwischen durchlässig ist und wohl bleiben muß. Theologie lebt als Denken des Ungedachten und Sagen des Ungesagten im Bereich kreativer Sprache genau wie Literatur. Denken und Sprache wird in den Zaum des Verschwiegenen genommen, das alles bisher Gedachte und

Gesprochene schon je umspielte und doch ein immer neues
Denken und Sprechen herausfordert.

Mit größerer Deutlichkeit formuliert weisen diese Verglei-
che in folgende Richtung:

1. Der damit anvisierte Weg läuft vorerst in gerader Fort-
setzung zur Methode der negativen Theologie der Tradition.
Gegenüber sämtlichen Gedanken, die Gottes Wirklichkeit
allzu vertraut einfangen möchten, wird betont, daß diese
Wirklichkeit selbst letztlich sämtliche Gedanken sprengt und
übersteigt. Gegenüber vielen, allzu selbstverständlich tönenden, metaphysischen Spekulationen über das Sein Gottes
muß dies nicht ohne Grund im Hinblick auf heutige Theologie mit Nachdruck herausgehoben werden. Der Theologe,
der denkend Gott vergegenwärtigt, ist sich seiner Sache nicht
und nie so positiv sicher wie ein Wissenschaftler seines For-
schungsgegenstandes. Die Erfahrung des Zerbrechens von
Gedanken, des Ungenügens von Sprache, der Unangemes-
senheit aller Worte, Chiffern und Metaphern gehört zur
Grunderfahrung seines Denkens. So heißt es etwa, Thomas
von Aquin, der zu seiner Zeit in solchen Fragen mehr als nur
bewandert war, habe das Weiterdenken an seinem Haupt-
werk, der Summa, plötzlich abgebrochen mit dem Kom-
mentar, sein bisheriges Denken sei alles Stroh. Seine Nach-
fahren haben auch damit noch genügend zu tun. Dennoch,
die Wirklichkeit Gottes geht jedem Denken je voran. Die
unmittelbare Begegnung und Erfahrung steht je höher als ein
gedachter Reflex. Mit Martin Luther: „Wir sind Bettler, das
ist wahr."

Die Verwendung der Methode negativer Theologie wird
im folgenden besonders radikalisiert bis hin an die Grenze des
„Nichts" und bewußt darüber hinaus. Die Negativurteile betreffen nicht nur, wie in der Tradition, verschiedene Eigen-

schaften Gottes, sondern allem voran die alles Weitere tragende Existenzaussage. In der bisherigen, theologischen Tradition stand diese Methode eines Denkens Gottes wohl darum nicht immer in gutem Geruch, weil sie negierend, abweisend und verwerfend war. Sie setzte sich über die Grenzen des Naheliegenden, Vertrauten und positiv Gegebenen hinaus, sie setzte in Fluß, versetzte in die Bewegung hinein in eine fremde, ungewisse und doch höchst naheliegende Wirklichkeit. Die Rekonstruktion nicht nur der heutigen, sondern der historischen Bedeutung der negativen Theologie dürfte einige interessante und neue Akzente setzen[19].

Das letzte Wort dieses Weges wäre letztlich allerdings das Schweigen. Sprachlich angedeutet heißt dies „Geheimnis", das mitsamt allem Denken, Sprechen und Schreiben nicht ausgeplaudert werden kann.

2. Das Schweigen und damit das Wort „Geheimnis" hat seinen zuverlässigen Ort in jedem Denken Gottes. Doch wäre dies wirklich das Letzte, käme es einer endgültigen Abdankung des Denkens gleich. Besinnung würde zur bloßen, sprachlosen Meditation. Theologie wäre im besten Fall nur noch möglich als indirekte Theologie, als ein Bedenken der Wirkungen Gottes in der Welt, nicht aber der ungeheuren Wirklichkeit Gottes selbst. Gott wäre nicht mehr sachliches Zentrum des Denkens, sondern allenfalls der menschliche Glaube, der auch irren kann, die Kirche vielleicht, die selbst auch tastend-glaubend unterwegs ist, das geschriebene Wort der Bibel vielleicht, das jedoch so oder auch anders verstanden werden kann, die Faktizität der geschaffenen Welt, die nicht weniger zwei- und vieldeutig ist als alles bisher Genannte. Dies aber scheint die Bedeutung, wenn nicht gar die große

---

[19] Zur historischen Aufarbeitung vgl. *Josef Hochstaffl*, Negative Theologie, München 1976.

und damit vielleicht weiterweisende Stärke theozentrischer
Theologie, daß sie das Ungesprochene im Gesprochenen, das
Unerdenkliche wirklich selbst denkend im Sinn hat. Alle bisher genannten Möglichkeiten geraten in dieser Hinsicht auf
die Ebene der Menschlichkeit, nicht damit einmal mehr vom
Menschen, zuerst und zuletzt nur vom Menschen gesprochen
werde, sondern damit der Mensch und seine Welt im Licht
jener Realität sichtbar werde, die alles betrifft und doch alles
übersteigt.

Dem menschlichen Denken wird damit sehr viel zugetraut. Genauer gesagt, Theologie traut sich selbst nicht wenig
zu, ein Zutrauen zur eigenen Möglichkeit und Sache, das auf
seine tragende Berechtigung hin sehr genau untersucht werden muß. Es versteht sich, daß auf den Spuren der Tradition
gerade hier die Christologie ein entscheidendes Schlüssel-
wort zu sprechen hat. Das Eindringen in die Glaubensbedeutung Jesu, insbesondere der Blick auf Kreuz und Auferstehung, wird zum Ermöglichungsgrund eines Redens von
Gott. Das Reden, Berichten, Erzählen von Jesus, und wäre es
auch noch so konkret gefüllt mit Material des sogenannten
historischen Jesus, wird durch und durch offen auf Gott hin.
Schiefe Alternativen wie Christologie von oben und von un-
ten verlieren ihren Sinn. Das Reden von Jesu Weg und vor allem vom Kreuz wird zur hauptsächlichen Prädikation Gottes. Das Denken Gottes wird umgekehrt zum sachgemäßen
Sinnhorizont eines angemessenen Verstehens der Bedeutung
Jesu.

3. Genaueres Hinsehen zeigt in diesem komplexen Zusammenhang, daß sich diese Denkmöglichkeit Gottes in heutiger Theologie nicht nur der Christologie, sondern unauffäl-
lig, aber desto wichtiger noch einer zweiten Größe verdankt.
Über weite Strecken wird die Aufgabe, das besondere Sein

dieses Gottes zu denken, auf Wegen einer metaphysischen
Theologie bewältigt. Der Satz „Gott ist" wird auf überlieferten Möglichkeiten metaphysischen Denkens aufgebaut. Daß
mit dem „Ich werde sein, der ich sein werde" vielleicht eine
ganz andere Wirklichkeit gemeint sein könnte als das Sein der
Griechen, scheint allzu wenig bewußt und in der bleibenden
Problembedeutung noch kaum gründlich genug aufgegriffen
zu werden. Daß diese Frage sogar zum Zentrum der geistigen
Auseinandersetzung der alten Kirche wurde, ist kaum mehr
ein echtes Problem. Theologie baut ihr ontologisches Gerüst
auf Beständen überlieferten Seinsdenkens, die, nur schon
immanent für sich genommen, nicht unbedenklich sind, von
deren theologischer Reinterpretation und Repristination
nicht zu reden. Besonders das Denken des deutschen Idealismus scheint offen oder auch verdeckt allgegenwärtig zu sein.
Gott im Werden, im Prozeß seiner selbst, ein Gott, der am
Ausbruch des Negativen in sich leidet und, sich bewegend,
zur Versöhnung mit sich selbst hinzielt, ist jedoch kaum ein
Lichtblitz unserer Tage, sondern wurde vor allem von Hegel
und Schelling vorgedacht, um von früheren Erscheinungen
dieses Gedankens nicht zu reden. Daß gerade dieser Gedanke
im sogenannten Zusammenbruch des deutschen Idealismus
allerdings seinen inneren Bankrott erlebte und mit immanen-
ter Zielsicherheit zum Nihilismus hinüberleitete, scheint
kaum bedacht zu werden[20]. Metaphysische Theologie baut
hier auf längst erschütterten Fundamenten.

Die folgenden Thesen haben in diesem zweiten Problembereich einer Begründung der Denkbarkeit Gottes ihren in-

---

[20] Besonders wichtig in diesem Zusammenhang ist das schon fast
klassische Werk der Schelling-Interpretation von *Walter Schulz*, Die
Vollendung des Deutschen Idealismus in der Spätphilosophie Schellings, Stuttgart Köln 1955. Vgl. den Aufweis dieses Zusammen-
hangs in Gott. Nochmals Martin Heidegger, 161–217.

neren Schwerpunkt. Nicht um oberflächliche Polemik in Richtung metaphysischer Theologie kann es dabei gehen. Wer glaubt, allzuleicht metaphysischer Prägung christlicher Theologie entraten zu können, sehe immer zu, daß er nicht wider Willen, doch mit Sicherheit auf die alten Füße falle. Vorerst wird es zurückhaltender einmal nur darum gehen müssen, das Gewicht dieses inneren Problems deutlich herauszustreichen. Metaphysische Theologie lebt offen ausgesprochen oder auch nur verdeckt von der Möglichkeit von Ontologie, auf welchen Wegen sie auch immer denke. Das Sein Gottes ist denkbar nur auf der Basis eines wie auch immer gearteten Seinsdenkens. Wie aber steht es, wenn, wie Heidegger schon bemerkte, Seinsdenken „im Schatten des Nihilismus" (Wilhelm Weischedel) nicht das Selbstverständlichste ist, sondern das Fragwürdigste, Unmöglichste? Wenn dieser Verdacht auch nur in Teilen zutrifft, wofür das Werk Heideggers aller Stille um ihn zutrotz noch immer Zeuge genug sein mag, so trifft dies heutiges Denken Gottes im innersten Nerv. „Was ist Metaphysik?" Diese Frage als bloße Frage am Rand der überwältigenden Erfahrung des rätselhaften „Nichts" gestellt, trifft Theologie bedrohlicher als ein in der Tat harmloser christlicher und sonstiger Atheismus[21].

4. Nicht um Heidegger kann es gehen, schon gar nicht um eine Heidegger-Theologie neuester Façon, wie es deren mit mehr oder weniger Glück schon mehrere gab. Die heutige Verlegenheit um ihn, vor allem die mehr als nur begründete Reserve gegenüber den politischen Aspekten seines Denkens, kann aber nicht darüber hinweg täuschen, daß theozentrische Theologie kaum an der genannten Problematik vorbeikom-

---

[21] *Martin Heidegger*, Was ist Metaphysik? Frankfurt a. M. 1929, 1960[8], 27.

men dürfte[22]. Vielmehr gilt es, die Herausforderung dieses
Fragens anzunehmen, sich in diesem Fragen buchstäblich
einzunisten, um im besten Fall und nach gründlicher Um-
schau in völlig eigener, theologischer Regie und Verantwortung die anstehenden Grundentscheide zu fällen. Bei aller naheliegenden Distanz gegenüber zahlreichen Grundentschei-
den Heideggers, seine nach wie vor eindrückliche Stärke liegt
unter anderem und für theozentrische Theologie bedeutsam
genug in der seltenen Kraft, Ausdauer und Tiefe des Fragens
in dunkelsten Grenzbereichen anstehender Fragen der Metaphysik, ein Problembewußtsein, das sich zeitweilig während
der sogenannten großen Kehre zur reinen Philosophie des
Fragens verflüssigen konnte, um gerade in der offenen Haltung des reinen Fragens desto sicherer auf die Spur des Fraglichsten zu kommen. Die Kraft echter Besinnung liegt zuerst
in der rückhaltlosen Bereitschaft zum Fragen und Fragenler-
nen. „Was ist Nichts?" Man hat diese Frage als Frage innerhalb heutiger Theologie, wo soviel vom göttlichen Sein und
Seinsgrund die Rede ist, noch kaum bis gar nicht gestellt,
weil sie, wie Heidegger zu Recht sah, auch in überlieferter
Metaphysik noch kaum angemessen und zureichend ausge-
arbeitet wurde und werden konnte. Mehr noch, der frühe
Heidegger selbst bringt die Erfahrung dieser unbefragten,
rätselhaften Macht noch allzu depravierend in die Nähe zur

---

[22] Die Publikation der Notizen zu Martin Heidegger von Karl Jas-
pers durch *Hans Saner*, München 1978, hat diese bedenkliche Seite
nochmals in aller Deutlichkeit und Eindrücklichkeit sichtbar gemacht. Vgl. dazu auch *Pierre Bourdieu*, Die politische Ontologie Martin Heideggers, deutsch Frankfurt a. M. 1976. Zum Biographischen
weiter: Erinnerung an Martin Heidegger, herausgegeben v. *Günther
Neske*, Pfullingen 1977. Zur theologischen Bedeutung die wichtige
Studie von *Annemarie Gethmann-Siefert*, Das Verhältnis von Philosophie und Theologie im Denken Martin Heideggers, Freiburg München 1974.

Erfahrung von Angst, Grundlosigkeit und Irre. Daß sich
darin zugleich eine heilvolle Chance verbirgt, blitzt nur verhalten auf: „Ohne ursprüngliche Offenbarkeit des Nichts
kein Selbstsein und keine Freiheit."[23] Selbstsein und Freiheit,
das Wesentlichste des Menschen, verdankt sich recht verstanden der Anwesenheit jener Macht, die dem Sein der Metaphysik als ein ganz Anderes entgegensteht.

5. Theologie, der es wirklich um Freiheit des Menschen in
der Gegenwart Gottes geht, hat darum an sehr zentraler Stelle
den Gottesgedanken selbst aus seiner metaphysischen Um-
klammerung schrittweise zu befreien. In dieser Hinsicht wären verschiedene kritische Punkte zu nennen. Besonders jedoch die hergebrachte Identifikation von Sein und Gott, die
wie auch immer geartete Verkoppelung von Seinsdenken
und Gottesgedanken, ist längst fraglich geworden. Darüber
besteht zumindest in der Philosophie seit dem Zusammenbruch des deutschen Idealismus kaum ein Zweifel mehr. Ob
es in solcher Situation tunlich sei, daß ausgerechnet Theologie Seinsdenken auf irgendwelchen Wegen – sei es transzen-
dentalistisch, panentheistisch und sonstwie spekulativ – zu
retten versucht, darf, wenn nicht rundweg mit einem Nein,
so doch mit einem deutlichen Fragezeichen beantwortet werden. Die Fraglichkeit und Abgründigkeit dieses Denkens ist
zu tief, als daß ein problemloses Anknüpfen an Hegel oder
auch Schelling vor dem Zusammenbruch im Pessimismus
und Nihilismus noch in Frage kommen dürfte. Hegels abso-
luter Gott ist tot und blieb tot seit dem inneren Zusammenbruch dieser gründlichsten Reflexion des Seinsgedankens.
Der Schatten dieses Zusammenbruchs mit allen seinen Folgen ist noch zu lastend, als daß er durch eine theologische

---

[23] Was ist Metaphysik?, 35.

Reinterpretation der Grundgedanken des spekulativen Idealismus von innen her aufgehellt werden könnte. Dieser Gott der Metaphysik ist an sich selber zugrundegegangen. Jeder Versuch einer Reaktivierung dieses Gedankens geht auf Kosten der Wahrnehmung dieser nachhaltigen, geistesgeschichtlichen Tatsache.

Anstatt metaphysisch noch einmal und trotz dieser Fraglichkeit vom letzten Urvertrauen auf ein alles begründendes, alles in sich bergendes Seinsgeheimnis zu reden – eine Art intellektuelle Rückkehr in den Mutterschoß – ist von einem Glauben zu sprechen, der Luftwurzeln treibt in jene grundlose Wirklichkeit hinein, die ungreifbar alles, auch das Sein selbst, übersteigt und doch ebenso grundlos da ist mitten im Sein. Am Ende bedeutet dies, daß Theologie die Wirklichkeit jenes kontingenten Gottes des Exodus und der Auferstehung gerade nicht mehr im alles umgreifenden, alles überwölbenden Sein, sondern in der alles aufsprengenden Gegenmacht des ganz Anderen zu erfahren, wahrzunehmen und zu erdenken hat. Einer der ältesten Grundgedanken abendländischer Metaphysik sagt, das Nichts sei das schlicht Unsinnige, Undenkbare, Unwirkliche. Der Gedanke des ganz Anderen außer, über und jenseits allen Seins, gedacht an dieser äußersten Grenze des metaphysisch Denkbaren, bildet jedoch die innere Form der folgenden Thesen und ihrer Erläuterung. Vielleicht gelingt es dort, wo Metaphysik je und bis heute zum Schweigen und negierenden Abweisen verurteilt war, die Sprache nicht zu verlieren, sondern erst recht neu zu finden. Theologie wird unter anderen Bedingungen, was sie schon je war: ein Entdecken an der Grenze zum Unentdeckten, ein Denken des Ungedachten, ein Sagen im Sog des Ungesagten.

Der ungedachte Gott

These 1. Gott: das Nichts als ens realissimum

Es gehört verbreitet zum Stil heutiger Theologie, das Wesentliche in scharfe, journalistische Pointen und, wo nötig, sogar in die Form des theologischen Schocks zu kleiden. Mit beidem hat diese erste, alles Weitere eröffnende Bestimmung nichts zu tun. Noch viel weniger soll damit ein fragwürdiger, christlicher Atheismus im nachhinein bestätigt noch auch an Radikalität überboten werden im Sinn einer Art, besser Unart, eines christlichen Nihilismus. Bei aller Ungewohntheit der Formel kann es nicht darum gehen, einmal mehr unernst mit hölzernen Eisen und viereckigen Kreisen zu spielen. Im heutigen Zug theozentrischer Theologie und an den Grenzen metaphysischer Möglichkeiten geht es darin im Gegenteil um das Positivste, Entscheidendste und Beunruhigendste der Theologie: um den Versuch, auf die reine Wirklichkeit jenes Gottes hinzuweisen, von dem es rätselhaft heißt „Ich bin, der ich bin" (Exodus 3).

Als Auftakt eines Gottesgedankens liegt diese erste Bestimmung allerdings nicht nahe. Sowohl biblischer Sprache wie metaphysisch-theologischer Tradition steht sie mehr als fern. Mehr noch, sie scheint allem nur widersprechen zu wollen. Der erste Satz einer Rede von Gott müßte doch vielmehr von Gott das Sein, die pure Existenz, aussagen. Metaphysik, ob theologischer oder philosophischer Prägung, muß darin

wohl zuerst einmal den Ausbruch bloßer Torheit hören. Die
Macht metaphysischer Gewohnheit verbietet überhaupt und
bis heute einen solchen Satz. Metaphysisch denkbar und
tragbar wäre er höchstens dann, wenn mit Nichts letztlich
und eigentlich eben doch das Sein selbst gemeint wäre, womit also nur besonders pointiert, mittels der Methode der negativen Theologie, die Erhabenheit und Unvergleichbarkeit
des Seins Gottes gegenüber allem Seienden herausgestrichen
würde. Bereits seit der mittelalterlichen Philosophie ist es der
Metaphysik nicht fremd, daß Sein in irgend einer ersten,
grundlegenden Hinsicht auch „Nichts" genannt werden
kann[1]. Auf den Spuren von Aristoteles war damit vor allem
die Ungestaltetheit des urtümlichen Gottes gemeint, eine
Traditionslinie, die sich bis in Hegels Logik hinüberzieht[2].
Auf dem Hintergrund dieser langen Linie, wenn auch ungleich differenzierter und komplexer, muß wohl auch Heideggers Identifikation von Nichts und Sein in der sogenannten großen Kehre seines Denkens Ende der dreißiger Jahre
verstanden werden.

Genau dies ist jedoch nicht mehr gemeint. Statt dessen geht
es ausdrücklich und ohne jeden Vorbehalt um jene Macht und
Wirklichkeit, die niemals Sein war und sein wird und vom
metaphysischen Seinsdenken auch je nicht gedacht, als
Nichts negiert und als das schlicht undenkbare ganz Andere
ausgeschlossen blieb. Um einen lateinischen Ausdruck zu
gebrauchen, der schon eine lange Überlieferung hinter sich
hat: Kompromißlos handelt es sich um jenes nihil pure nega-

---

[1] Vgl. den Nachweis bei *Ernst Bloch*, Das Materialismusproblem,
Frankfurt a. M. 1972, 154 f. Meister Eckhart kann in einer seiner Pre-
digten Gott einmal „ein überschwebendes Sein und ein überseiendes
Nichts" nennen.
[2] Vgl. *A Jäger*, Gott als das Absolute, Theologische Zeitschrift
Basel 34 (1978), 292 ff.

tivum der Metaphysik außer und über, extra und praeter allem, was Sein und Seiendes heißt.

Allerdings wird damit die Macht metaphysischer Gewohnheit und Fraglosigkeit an einem ganz bestimmten Punkt durchbrochen, was vom Standpunkt überlieferten Denkens her mehr als nur fragwürdig, wenn nicht gar unsinnig tönen muß. Tatsächlich wird damit der Scheinwerfer des theologischen Fragens und Denkens in ein ungedachtes Dunkel gerichtet, das zuerst höchstens stutzig machen kann. Ist es denn nicht selbstverständlich, daß Gott, wenn überhaupt, „ist", und zwar als das Seiendste des Seins selbst? Ist es denn nicht fraglos, daß Gott, wenn ernsthaft von seiner Wirklichkeit gesprochen werden soll, Inbegriff der alles umfassenden Innigkeit, Ganzheit und Geborgenheit ist? Liegt es nicht auf der Hand, daß Gott sogar den genauen Gegensatz zu allem, was Nicht und Nichtigkeit und Nichts heißt, darstellt und darum der Mensch und das Seiende überhaupt nur im Rückbezug auf ihn Grund und Schutz gegen alles Nichtige findet? Hat Theologie nicht dafür einzustehen, wenn sie noch weiß, wofür sie da ist? Grenzt es nicht an Blasphemie, Gott und das grundlose, sinnlose, bodenlos abgründige Nichts zuammenzubringen, gar noch im Schein einer blanken Identitätsformel? Wird hier nicht einmal mehr Gott und Satan pervertiert?

Tatsächlich ist es eine Frage, ob Metaphysik den besonderen Sinn und die besondere Wahrheit dieses Satzes je wird wiederholen können. Sie müßte dazu wohl einen Schritt über die Grenze ihrer eigenen Herkunft und ihrer äußersten Denkmöglichkeiten hinaus tun, eine Art Veränderung ihres Grundbestandes aus einer einzigen Umkehr heraus. Es bleibt die Frage, ob metaphysische Theologie und Philosophie je in der Lage sind, diesen Schritt vom Sein zum Nichts, vom Einen zum Andern zu tun[3]. Nicht weniger ist es eine Frage, ob

---

[3] Als ein besonders reines Beispiel metaphysischer Theologie aus

Theologie, sobald sie von Gottes Macht, Wesen und Wirklichkeit zu sprechen beginnt, völlig eins mit metaphysischem
Denken sei und sich gar ausgerechnet in der merkwürdigen
Rolle befinde, heute zum ersten Anwalt des griechischen
Seinsdenkens aufgerückt zu sein. Ob Theologie die Konsequenz aufbringt, den jahrhundertealten Schleier der Identität
von Gott und Sein ein für alle Mal auch in ihrem Bereich zu
zerreißen, bleibt offen. Feste Ansätze dazu gibt es gerade in
der Theologie neuerer Zeit nicht wenige, wofür etwa die dia-
lektische Theologie der Zwischenkriegszeit nur ein besonders prägnantes Beispiel darstellt. Mindestens im Bereich der
Philosophie ist diese Identifizierung bereits bei den Linkshe-
gelianern und erst recht bei Schopenhauer mehr als bedenklich geworden. Neben bloßen Zeitstimmungen gab es schon
damals harte, spekulative Sachgründe, die diesen Schleier ris-
sig werden ließen. Der deutsche Idealismus, in Hegels und
Schellings Denken eine letzte, großartige Einheit von Gott
und Sein im Sinn einer Bastion gegen den aufkommenden
Atheismus, brach nicht nur unter den Schlägen der äußeren
Feinde zusammen. Er hatte selbst den spekulativen Wurm in
sich. Ein Gott, der dialektisch auch sein eigener Widergott
ist, muß sich früher oder später selbst als Ungott entlarven.
Sollte er, was schon beim späten Schelling fraglich war, noch
eine Sache des spekulativen Erkennens und damit Sache der
Philosophie und Theologie sein, so war und ist er bestimmt
keine Sache des Vertrauens, der Hoffnung und der Liebe. Er
ist, wie schon Fichte früh und scharfsichtig erkannte, schlicht
ein „Ungeheuer"[4]. Auf weite Strecken stellt der folgende,
philosophische Pessimismus, Materialismus, Nihilismus den

---

neuerer Zeit, in welcher das Nichts nicht einmal mehr als Frage am
Rand auftaucht, sei hingewiesen auf *Wilhelm Risse*, Metaphysik,
München 1973.

[4] Die Bestimmung des Menschen, 1800, Hamburg 1962, 102.

Versuch dar, aus diesem Zusammenbruch der Identität von
Gott und Sein im Denken des Idealismus auf verschiedenen
Wegen die Konsequenz zu ziehen. Die Brücke zwischen Gott
und Sein scheint zumindest philosophisch zerbrochen. Philosophische Theologie kommt im Sinn eines neuen Brücken-
baus kaum über ein „abschiedliches" (Weischedel) Verzichten auf diese Identität hinaus.

Wohl bildete eine vielfältige Verkoppelung von Gott und
Sein den innersten Nerv abendländischen Denkens. Doch
nicht nur an seinem Ende franst die Einheit wieder auseinander. Die Problematik findet sich in aller wünschenswerten
Deutlichkeit schon an den geschichtlichen Wurzeln dokumentiert. Vielleicht ist es in dieser Beziehung immer wieder
gut, sich unter anderem auch daran zu erinnern, daß in den
Augen der Griechen und Römer die Juden und Christen als
Atheoi erschienen. Der „unbekannte Gott", von dem Acta 17
die Rede ist, paßte nicht ins Bild der Griechen, spätestens von
dem Augenblick an nicht, wo von der Auferstehung der To-
ten die Rede war. So bleibt unter völlig veränderten Vorzeichen nach wie vor die vordringlichste Frage, ob es immer
wieder gelinge, diese Macht, dieses Wesen und diese Wirklichkeit dieses Gottes versuchsweise in zerbrechlichen, aber
trotzdem entschiedenen, in bestimmten, aber letztlich doch
nur fragend andeutenden Worten zu vergegenwärtigen.

Gott „ist" Nichts. Die Sprache scheint in einem solchen
Satz kopfzustehen. Nicht nur, daß Gott und Nichts in engste
Nähe gebracht werden. Noch mehr Schwierigkeiten dürfte
bieten, daß darin ein „ist" vom reinen Nichts ausgesagt wird.
In äußerster Konsequenz metaphysischer Tradition wäre
höchstens ein Satz möglich wie: Nichts „ist" nicht. Allenfalls
selbstverständlich kann auch diese naheliegendere Aussage-
form jedoch wiederum nur darum tönen, weil sie nicht weniger jahrhundertealter Gewohnheit untersteht. Bereits bei

Parmenides findet sich in den Anfängen dieser Gewohnheit
zwar ein analoger Satz[5]. Ob die spätere Verwendung über
Jahrhunderte weg diesem anfänglichen Satz jedoch gerecht
wurde, ist die eine Frage, was er anfänglich bedeutet hat, die
andere. Die dritte und im Augenblick wichtigste aber ist, ob
er noch immer mehr oder weniger unproblematisch gleichsam als Kronzeuge theologischer Gotteslehre gebraucht werden kann und darf. Auch diese Macht der Gewohnheit muß
kaum mehr im Sinn einer spätpuberalen Götzenstürmerei
angerannt und gebrochen werden. Die Unruhe um das „ist"
des Nichts verfolgte metaphysisches Denken wie ein Schatten bis an seine heutigen Grenzen. Die Frage nach dem „Ursprung" von Nicht und Nichts, um dies traditionell zu for-
mulieren, ist keine neue, aber nach wie vor erregende Frage.
Wo liegt die metaphysische Wurzel der Möglichkeit, Nein zu
sagen? Das Sein zu negieren? Mitten im Einen eine Gegenmacht einzuführen?

Zu solchen und analogen Fragen, die heute für Theologie
vielleicht allzu fremdes, doch gerade etwa für Hegel und
Schelling tägliches, metaphysisches Brot waren, wäre sehr
viel zu sagen. Der deutsche Idealismus mag in seinem Sy-
stemwillen und -gehalt seither vieles an Bedeutung eingebüßt
haben, um so weniger jedoch an seinem hoch reflektierten
Frage- und Problemgehalt. Dafür sind seine geschichtlichen
Folgen Zeuge genug. Die Zeit seiner Renaissance im Sinn
bloßer Repristination mag vorbei sein, wo die Ungeheuer-
lichkeit seines absoluten Gottes deutlich beim Namen genannt wird. Zu erben gibt es hier auf der höchsten Stufe eines

---

[5] ἔστι γὰρ εἶναι, μηδὲν δ'οὐκ ἔστιν. Vom Wesen des Seienden.
Die Fragmente, hrsg. v. *Uvo Hölscher,* 16: „Richtig ist, das zu sagen
und zu denken, daß Seiendes ist; denn das kann sein; Nichts ist nicht:
das sage ich dir, sollst du dir klarmachen."

durch und durch reflektierten, göttlichen Seins um so mehr
ein offenes, gründliches Fragen.

Gott: Nichts. Der Doppelpunkt anstelle eines ausdrücklichen Ist-Satzes hat nur behelfsmäßig die Aufgabe eines Si-
gnals. Das „ist", das hier und in den folgenden Thesen fast
selbstverständlich einzufügen wäre, fehlt. Das Fehlen zeige
an, daß ein „ist" mehr als nur fragwürdig und bedenklich
wäre. Hier müssen Fragen auftauchen. Die zusätzlichen Erläuterungen haben die Aufgabe, diesem besonderen „ist"
schrittweise näher zu kommen. Vor allem das „ist" dessen,
was Metaphysik je als „Nichts" negiert und für Denken als
unsinnig abgewiesen hat, wird damit zum eigentlichen Sitz
des Fragens und Sicheindenkens. Der Satz „Gott ist Nichts",
anstatt ein lapidarer Aussagesatz über eine bloße Gegebenheit
– dieser Schwan ist weiß, diese Krähe ist schwarz – zu sein, signalisiert einen ungedachten und eben daher erst recht zu be-
fragenden und bedenkenden Bereich. Das metaphysisch sogenannte „Nichts" soll durchstoßen werden, damit Denken
hinter diesem Schleier in die Nähe der Wirklichkeit gerate,
die sich schon lange zuvor als heilvoller Gott erwiesen hat.
Die Kopula „ist" hat insofern transitiven Charakter. Im
„Nichts" wird Gott identifizierbar. Das ganz besondere „ist"
Gottes, das dem metaphysisch herkömmlich „Nichts" Genannten näher steht als dem Sein, provoziert selbst. An der
Grenze metaphysischer Möglichkeiten öffnet sich ein Bereich, der ungedacht und darin provokant ins Denken herein-
ragt.

Die Antwort ist damit erst angedeutet, aber noch nicht zureichend gegeben, warum Gottes besonderes Sein ausgerechnet in der Denkrichtung erfragt werden soll, in der herkömmliche Metaphysik schlicht nichts gesucht und gefunden
haben will, schon gar nicht Gott. Tatsächlich läßt sich der
Schritt vom Einen zum Andern metaphysisch nicht und nie-

mals legitimieren. Er entzieht sich mit einem Schlag dieser
eingespielten Logik und Gesetzgebung, indem er sich anderen, neu in den Blick kommenden Pflichten unterstellt. Eine
Art zwingende Notwendigkeit gibt es vom Boden metaphysischer Überlieferung aus gerade nicht[6]. Es mag dies einer
Reise vergleichbar sein, die man nur zögernd antritt, um sich
am neuen Ort bei zunehmender Umsicht und Vertrautheit
aber zunehmend heimischer zu fühlen, wofür die mehr oder
weniger begeisterten oder banalen Ansichtskarten, die nach
hause geschickt werden, zwar kein Beweis, doch immerhin
ein Hinweis sind. Die Legitimität eines derartigen Sprungs
ergibt sich nicht im voraus, wenn es auch nicht wenige Ar-
gumente und vor allem Fragen geben mag, die einen Aufbruch nicht abwegig und vielleicht sogar geboten erscheinen
lassen. Die Frage, ob sich Theologie mit ihrem Reden von
Gott noch immer recht unbedenklich der Tragfähigkeit überlieferter Metaphysik anvertrauen, ob sie das Bedenken des
Seins ihres Gottes noch immer einigermaßen fraglos überlie-
fertem Seinsdenken einbauen dürfe, ob sie die jahrhunderte-
alte Liaison trotz großen, immanenten Schwierigkeiten noch
immer rückhaltlos bejahen wolle, dies und Ähnliches bildet
nur eine, indirekte Überlegung an der Grenze zum Sprung.

Garantien sind im voraus nicht zu haben, höchstens Fragen
und Beobachtungen im Grenzbereich. Dazu gehört vielleicht
auch die Vermutung, daß der Gott des biblischen Glaubens,
der Gott des Exodus, des Kreuzes und der Auferstehung, nun
wirklich wenig bis gar keine Züge mit dem alles in sich ent-
haltenden Absoluten der Idealisten teilt. Seine radikale Kon-
tingenz, sein Einbrechen, Provozieren und sich Entziehen,
seine Macht und Ohnmacht steht dem stillen, verschwiege-

---

[6] Besonders an dieser Stelle sei es erlaubt, auf die Vorarbeit in:
Gott. Nochmals Martin Heidegger hinzuweisen, besonders Teil III,
Denken des Seins und Ansinnen des Nichts, 397 ff.

nen nihil pure negativum in vielen Zügen näher als dem Gedanken eines in sich kreisenden, absolut alles in sich enthal-
tenden Weltdrachen, der sich gewaltig und mit dialektischem
Krachen und weltgeschichtlichem Getöse entrollt bis zur
Schaffung einer Welt, eben seiner Welt und Geschichte, von
der man im Blick auf die einmalige und millionenfache Realität des Kreuzes darin höchstens lakonisch sagen kann: Siehe,
es ist gar nicht gut. Gerade das Wahrnehmen der Radikalität
des Wortes vom Kreuz müßte in heutiger Theologie hier jeden Versuch einer Liaison eigentlich entmutigen.

Dennoch bedeutet diese Garantielosigkeit keine Aufforde-
rung zu einem Kopfsprung in die pure Irrationalität. Der Sinn
des Sprunges kann sich um so mehr im Rückblick erweisen.
Das vorsichtige sich Einfragen und Eindenken im neuen Aufenthaltsort muß seine ihm eigene Sinnhaftigkeit, Legitimität
und sogar Rationalität schrittweise aus sich selbst zeigen. Der
spezifische Sinn, die besondere ratio essendi, genauer gesagt
non-essendi, muß sich darin ausweisen, daß das Denken
wirklich auf die Spur des Ungedachten gelangt, wie umgekehrt das Ungedachte ins Denken kommt. Die letzte und
tiefste Legitimität eines Denkens Gottes beruht in der Vergegenwärtigung Gottes selbst, eine Einsicht, so alt wie die
Theologie selbst.

Gott „ist" Nichts. Anstatt banale Wiederholung eines
atheistischen Satzes zu sein, steckt in dieser Aussage der Kern
dessen, was Theologie von jenem ens realissimum zu sagen
hat, das kein metaphysisches Ohr gehört und kein metaphysisches Auge gesehen hat. Gemessen an jenem Gott, den die
Griechen dachten, verglichen mit jenem Gott, den Metaphysik jahrhundertelang im Sinn hatte, gerichtet also am Maß des
Seins, ist dieser Gott nicht und Nichts, weil er über alles hin-
ausgeht, was irgend „ist". Dieser Gott ist weder causa noch
finis des Seienden noch der alles vereinende Einheitspunkt.

Gott ist weder die Archē, nach der die Griechen fragten, noch
der alles tragende, bergende, sichernde und umfassende Sinn-
und Seinsgrund. Im Gegenteil bricht dieser Gott, von dem
Theologie spricht, mitten in allem auf und zerstört jeden in
sich kreisenden Rundlauf von Sein und Seiendem. Dieser
Gott gehört nicht in die „Liste des Seienden" (Helmut Gollwitzer). Noch weniger aber ist er das sich selbst denkende, in
sich selbst stehende und spielende, in aller Auseinandersetzung mit anderem letztlich eben doch auf sich selbst bezogene
und durch sich selbst begründete Sein. Im besten Fall gehört
Sein und Seiendes diesem Gott in der Offenständigkeit zu
ihm.

„Die bisherigen Götter sind die Gewesenen."[7] Dieser Satz
Heideggers gehört im neuen Kontext und recht gehört zum
Kernbestand einer theologischen Gotteslehre. Gemessen an
diesem ganz anderen Gott ist es mit anderen Göttern nichts:
mit dem Gott und den Göttern des Seins, des Grundes, der
Sicherheit und des Absoluten, des Ichs und der Selbstbezogenheit, von den unteren, alltäglicheren Göttern nicht zu
sprechen. Gott ist das Ende der Götter metaphysischer Theologie. Der Tod des Einen als Gott ist der Anfang des ganz
Anderen.

Dieser Gott ist zumal das Ende jenes gnostisch-schelling-
schen Gottes und seiner neueren und neuesten Wiederholun-
gen, der in sich seinen eigenen Gegensatz und Ungott trägt
und austrägt. Ein Gott, der in sich Sinnlosigkeit, Tod, Leid
und sein eigenes Negativum enthält und derart nur an sich
selber leidet, ist vielleicht bemitleidenswert, aber sicher nicht
zu lieben. Ein solcher Gottesgedanke ist in theologischer
Hinsicht tief, tiefer als vieles andere, das an der Faktizität der
Sinnlosigkeit, des Todes und des Kreuzes vorbeidenkt. Doch
dieser Gott ist nicht Liebe und nur Liebe ohne allen Gegen-

---

[7] *Martin Heidegger*, Nietzsche II, Pfullingen 1961, 29.

satz, nicht Licht und nur Licht ohne alle Finsternis in ihm. Schellings Gott und in anderer Weise das göttliche Absolute Hegels ist auch in dieser Optik theologisch so unrettbar wie die entsprechenden, neueren Versuche, Gott auf pantheistischen und panentheistischen Bahnen zu denken. Der ganz andere Gott ist gerade nicht das metaphysisch große Ganze, das alles in sich trägt. In neuer und neuester Wiederholung ist dies bei allen wesentlichen Differenzen der alte Gott des Aristoteles, der sich denkend nur mit sich selbst beschäftigt und, in sich und über sich hinaus kreisend, grundlos und sinnlos eben doch in sich und seinem Wesen auf ewig gefangen bleibt. Als ein riesiger Narziß liebt dieser Gott zuerst und zuletzt nur sich selbst. Alle Bezüge zu Anderem und auch zum Menschen, seinem liebsten Geschöpf, sind nur äußerer Reflex seiner Selbstbezogenheit und Selbstliebe.

Gewiß ist es denkbar, daß in diesem griechisch vorgedachten Gott christliche Grundgedanken eingebaut und untergebracht werden. Seit Jahrhunderten bis in diese Zeit ist dies theologisch der Fall. Der metaphysische Gott wurde immer wieder neu und anders christianisiert. Oftmals gerät sogar das Wissen in Vergessenheit, daß es sich dabei um einen umgetauften Gott handelt. Gott „ist" Sein: Diese Identitätsformel wurde auf vielen Wegen in der Geschichte der Theologie nur zu oft, zu leicht und fraglos wiederholt. Die heutigen Versuche, von Gott zu reden, unterstehen so der Frage, ob es sich darin weitgehend um eine neue Spielart dessen handle, was in der Theologiegeschichte schon immer das scheinbar Gegebene war. Dennoch zeigt die metaphysische Entwicklung vom deutschen Idealismus bis zu Heidegger die tiefe metaphysische Fragwürdigkeit des Seinsgedankens. Ineins damit mußte die theologische Fragwürdigkeit der Identität von Sein und Gott sachnotwendig aufbrechen. Darum kann das neue Fragen nach Gott nicht mehr nur gleichsam an der

Außenfront entfaltet werden. Statt dessen und alles betreffend hat sich der Problempunkt implizit und noch zu wenig bewußt schon längst um eine weitere Stufe radikalisiert. Von Gott zu sprechen im Blick auf die metaphysischen Möglichkeiten, Fragwürdigkeiten und Grenzen stellt die eigentliche Schwierigkeit des Denkens dar.

Durch alle Jahrhunderte war jeder Versuch, Gottes „ist" zu denken, an Metaphysik gebunden. Sowenig sich bisher der Schatten der Vergangenheit durch irgend einen bedenklichen, nicht- oder gar unmetaphysischen Neuanfang überspringen ließ, sosehr wird dies auch für die Gegenwart und Zukunft gelten. Der eigenen Herkunft enträt man kaum, daß man sie zu vergessen und zu verdrängen sucht. Zahlreiche Versuche, gleichsam metaphysikfrei anzusetzen, haben das Prekäre an sich, daß sie ihre eigene Herkunft und Verhaftung höchstens vernebeln. Die zunehmend sichtbarer gewordene Fragwürdigkeit des metaphysischen Seinsgedankens zwingt Theologie jedoch, diese ihre Herkunft und Bindung erneut und grundsätzlich zu durchdenken. Anstatt abgewandt und irgendwo im luftleeren Raum ein unmetaphysisches Sprachgehäuse konstruieren zu wollen, bedeutet dies gerade umgekehrt, theologisch ins Wesen der Metaphysik hineinzufragen, um auf diesem Weg nicht nur Metaphysik, sondern zugleich und noch viel mehr das Wesen von Theologie wahrzunehmen. Dann wird nicht nur das Sein selbst erneut zum Fraglichsten, sondern noch vielmehr das Nichts und über allem das „ist" Gottes.

Eigentlich sollte es dazu gar nicht des Anstoßes von seiten der Metaphysik bedürfen. Auch wenn Theologie aufs Ganze gesehen dem Bann der Metaphysik immer wieder neu und anders erliegen konnte, so blieb das Wissen doch immer zugleich vorhanden, daß das Skandalon des Kreuzes metaphysisch einen Skandal darstellt und darstellen muß. Der Logos

Heraklits, anstatt bloßes Samenkorn des Christlichen zu sein, ist vom Logos Staurou abgründig verschieden. In diesem Gott des Kreuzes kommt alle Sucht und Sehnsucht nach Ursprung und Ursprünglichkeit, nach Geborgenheit, Schutz und Grund in einem Alleinen nicht unter, indem er das Ende alles dessen ist. Das tönt wie Unheilsbotschaft – und doch entdeckten die ersten christlichen Zeugen darin den Sinn von Liebe, Leben, Licht und Auferstehung. Mitten in der Auseinandersetzung des Einen wird ein ganz Anderes erfahrbar. Wo die Augen und Ohren der Einen nur noch ein nichtiges Ende in Unsinn und Torheit und „Nichts" wahrnehmen, verweisen den Andern die Grenzen des Einen auf die Gegenwart des ganz Anderen. Gewiß, wo das Eine für sich triumphiert, west das Andere ab. „Mein Gott, mein Gott, warum hast du mich verlassen?" Das ist Ausdruck der „Gottesfinsternis" (Martin Buber). Die Ohnmacht als erste und wichtigste Prädikation von Gottes besonderer Wirklichkeit kommt darin zum Ausdruck. Gottes Gegenwart kann verdrängt, überwältigt und negiert, vernichtet werden. Das gehört als erste Möglichkeit zu dieser Wirklichkeit. Dennoch und trotzdem, das Eine ist nicht das Einzige, Allmächtige, wie immer es sich gebärden mag. Da ist aus dem Nichts heraus grundlos neu einbrechend eine Gegenmacht, die das in sich drehende Spiel von Tod und Leben und neuem Tod sprengt und eine Möglichkeit eröffnet, die wirkliches Leben genannt zu werden verdient. Dieser Gott „ist"! Recht gehört schwingt darin Trotz, Triumph und Sieg. Es ist der Trotz der Hilflosigkeit, der Triumph der Unterlegenheit und der Sieg dieser Ohnmacht. Was gemessen am Einen Unsinn, Unfug und nichts ist, ist das Einzige, welches zählt.

Die Berichte vom Kreuz Jesu bilden den Kernbestand der Evangelien. Paulus – schon damals und immer wieder beunruhigend, wo immer er gehört wurde – versteht in derselben

Weise das „Wort vom Kreuz" als innere Angel der christlichen Botschaft. Diese Berichte, anstatt verharmlosend als Nachricht vom Geschick Jesu verstanden zu werden, müssen und wollen als Prädikation des Menschen und seiner Welt, aber ineins damit als Prädikation Gottes gehört werden. Sie sagen nicht nur, wie es um den Menschen und seine Welt steht im Hinblick auf Gott, sondern ineins damit, wer Gott „ist". Das Ende Jesu, des Platzhalters Gottes in dieser Welt, ist die erste und angemessenste Prädikation Gottes von bleibender Gültigkeit. Ein neues „Paradigma" (Thomas S. Kuhn) der Welterfahrung und Existenzinterpretation entsteht. Anfang und Einsatz einer theologischen Gotteslehre kann darum niemals der scheinbar fraglos und gewiß gegebene Seinsgedanke der Metaphysik sein. Im Gegenteil entwirft der Logos und Sinn des Kreuzes den Horizont, innerhalb dessen die Frage „Wer ist Gott?" überhaupt erst gestellt werden muß. Von da aus führt jedoch keine Brücke zum Gott der Metaphysik. Diese Frage sprengt alle Vermittlung von Gott und Sein. Dieser Gott des Kreuzes ist nicht das Eine, das seinsfromm in oder über allen Dingen verehrt wird. Gemessen daran ist er buchstäblich no-thing, wie das die englische Sprache treffend sagt. Gerade deswegen aber bildet er den Ursprung wahrer Freiheit, die der Macht des Einen ein für alle Mal ent-sprungen und entzogen ist. Eben darum aber vermag grundloses Vertrauen und Glauben aus seiner Gegenwart einen Anhalt zu finden, der außer und über allem steht, was gegeben, bekannt und vertraut ist. Darum und deshalb blitzt hier mitten in der Auseinandersetzung ein Sinn auf, der quer zu allem Reden von Sinngrund und Einheit im Alleinen steht. Gerade deshalb konnte an der Grenze der Hoffnungslosigkeit, am Kreuz, eine Hoffnung entspringen, die alles überspringt, nicht nur das jetzig Seiende, sondern das

Sein selbst mitsamt allen seinen jetzigen und künftigen Möglichkeiten[8].

Dieses Nicht-Ist jenseits, außer, über und neben allem, was „ist", ist das ens realissimum, wie dies ein mittelalterlicher Ausdruck, gewiß in völlig anderer Hinsicht, sagt. Anstatt ein Satz metaphysischen Seinsdenkens zu sein, kann dies zu einem Leitspruch der Befreiung, der Besinnung, des Vertrauens und der Hoffnung werden. Dem Nichtigsten wird darin glaubend höchste Realität, dem Ohnmächtigsten höchste Macht zugetraut. Anstatt ein fragloser Grundsatz der Metaphysik zu sein, gerät darin alles ins Licht der Fraglichkeit. Wie es um das „ist" des Einen und das „nicht-ist" des Anderen steht, bildet den neuen Fragehorizont, innerhalb dessen alles in ein neues Licht rückt. Die Unwirklichkeit des ganz Anderen wird zum Wirklichsten der Wirklichkeit des Einen. Das Geheimnis des Anderen wird zum Offenkundigsten in der Auseinandersetzung des Einen. Gemessen daran ist alles soviel wie – nichts. Von diesem her und auf dieses hin will alles gefragt, gesehen, gedacht und getan werden. Wenn dieses Nichtende trotz allem metaphysischen Klang causa und finis genannt werden soll, so nur in diesem anastatischen Sinn. Dieses Andere widersteht jeder Einheit und Eigenheit des Ei-

---

[8] Ernst Bloch hat das Anastatische der christlichen Auferstehungshoffnung besonders herausgespürt und darin der Theologie der Hoffnung einen nicht rückgängig zu machenden Impuls gegeben. Dennoch muß im Gegenüber zur Philosophie der Hoffnung festgehalten werden, daß Hoffnung gerade nicht im gärenden Seinsgrund der Materie ihren letzten Grund hat, sondern der Gegenwart der – um im Begriff zu bleiben – „Anti-Materie" über und jenseits allen Seins entspricht. Hoffnung, anstatt der in sich spielenden Dialektik des Einen eingefügt zu sein, sprengt diese gerade als Vergegenwärtigung des ganz Anderen. Vgl. zu Blochs Materie-Begriff: *A. Jäger,* Materie und Prozeß, Materialien zu Ernst Blochs „Prinzip Hoffnung", hrsg. v. Burghart Schmidt, Frankfurt a. M. 1978, 306–324.

nen. Es mag einmalig am Kreuz und millionenfach negiert,
ausgetrieben, verworfen werden, es ist trotz allem immer
wieder grundlos einbrechend da als das Andere des Einen.

These 2. Gott: das ganz Andere im Unterschied zum Einen

Rudolf Otto hat seinerzeit einen konstituierenden Grundzug in der Gottesidee das „Ganz andere" genannt, wobei ihm
dafür neben alttestamentlichen Erfahrungen Gottes vor allem
Luthers Gedanke des deus absconditus richtungsweisend
war. „Dieses selber aber, nämlich das religiös Mysteriöse,
das echte Mirum, ist, um es vielleicht am treffendsten auszu-
drücken, das ‚Ganz andere', . . ., das Fremde und Befrem-
dende, das aus dem Bereich des Gewohnten, Verstandenen
und Vertrauten und darum ‚Heimlichen' überhaupt Herausfallende und zu ihm im Gegensatz zu Setzende und darum das
Gemüt mit starrem Staunen Erfüllende."[9]

Obwohl es sich heute um einen wesentlich anderen Kontext des Fragens handelt, besteht kein Grund, diese klassisch
gewordene Formulierung eines genuinen Empfindens der
Vergangenheit zu überlassen. Der Ausdruck „das Ganz andere" weist in einen unvertrauten Erfahrungs- und Denkbereich des Geheimnishaften ein, der sich von aller Alltäglich-
keit unterscheidet. Im lateinischen Terminus Mysterium,
Mirum, den Otto gebrauchte, schwingt das faszinierend An-
ziehende sprachlich sogar noch stärker mit als im deutschen
Wort „Geheimnis". Im Gegensatz zu den vertrauten, gewohnten und „heimlichen" Formeln der Metaphysik gilt es,
das unheimliche, ungewohnte und aus allem herausfallende
Wesen Gottes in anderer Weise neu wahrzunehmen. Die Ein-

---

[9] Das Heilige, Sonderausgabe München 1963, 31.

geschliffenheit der Sprache der Metaphysik hat es an sich, ein Gefühl der Gewißheit und Sicherheit zu geben. Metaphysisch denkend befindet man sich auf bewährten Pfaden. Die Sicherung kann jedoch so groß werden, daß sie zur Absicherung gegen das Zudenkende selbst wird. Die Sache selbst kommt nicht mehr in den Blick und ist verstellt durch Gedanken und bloße Sprache. Das kann sogar hinsichtlich des Seins selbst gelten, wie Heidegger lebenslang betonte, bis hin zur reinen Seinsvergessenheit und darum Seinsverlassenheit. Das gilt in noch verstärkterer Weise hinsichtlich dessen, was Metaphysik je als Nichts negiert und abgewiesen hat. Diese Abweisung hat sich bis hin zu Heidegger selbst derart eingeschliffen, daß die konstruktive und explizite Ausarbeitung der Frage nach dem Nichts selbst bei Heidegger und bis heute unterblieb. Selbst Heidegger hielt bei aller Kraft der Besinnung dem anfänglichen Ansturm dieser Frage in seinem Denken nicht stand. Sein Denken vor der Kehre zeugt zwar von einer metaphysisch völlig ungewohnten und abgründigen Präsenz der Frage nach dem Nichts. Sie konnte ihm im Vortrag „Was ist Metaphysik?" (1929) sogar zur Leitfrage des ontologischen Denkens selbst werden. Aus verschiedenen, im Einzelnen zu verfolgenden Gründen wurde jedoch auch sein Denken allzubald wieder „eine Besinnung, die auf dem Weg über das Nichts an das Sein zu denken versucht"[10]. Die Macht metaphysischer Gewohnheit scheint so übermächtig, daß sie an einer solchen Grenzstelle des Denkens selbst einen Denker einholt, der ihr wie nur wenig andere zu entraten sich anschickte.

Mit noch größerem, weil historisch noch leichter nachweisbarem Recht kann darum analog zur Heideggers Diagnose der Seinsvergessenheit der Metaphysik von deren

---

[10] Was ist Metaphysik?, Einleitung (1949), 22.

Nichtsvergessenheit gesprochen werden. Immer wieder neue, oft sogar revolutionär neue Ansätze zu einem Fragen nach dem Sein finden sich zahlreich in ihrem geschichtlichen Verlauf. Die Frage nach dem Nichts selbst als bloße Frage hat jedoch keine Zeugen. Die Frage nach dem Nichts selbst ist die unkonstruierte Frage der Metaphysik. Zwar, dies sei nicht weniger betont, gehört gerade zur Geschichte der Metaphysik seit ihren Anfängen bis heute konstitutiv ein vielfältiges Reden vom Nichts. Dieses Reden ist von Parmenides über Platon, die mittelalterlichen Aristoteliker und Mystiker bis hin zu Hegel, Nietzsche, Heidegger alles andere als eindeutig. Auffallend scheint in dieser Hinsicht höchstens:

1. daß ein Bereich, Nichts genannt, von Anfang an und je wieder anders als Gegenmacht des Seins selbst ins Denken tretend präsent ist;

2. daß ein Bereich, Nichts genannt, je nur als negierter, abgewiesener, den denkenden Menschen sogar gefährdender Wesensbereich da ist;

3. daß ein Bereich, Nichts genannt, bei aller Kraft der Negierung immer auch wieder versuchsweise ins Eine des Seins einvernommen wird bis hin zur Identität von Nichts und Sein[11].

Was meint Metaphysik mit dem „Nichts" genannten Wesensbereich? Was verbirgt und zeigt sich in einem solch intensiven, jahrhundertelangen und bis heute mächtigen Abweisen, Negieren, Verwerfen, um im Negieren jedoch zugleich

---

[11] Es wird Sache einer exakten Interpretation sein, den Erscheinungen des „Nichts" genannten Bereichs im Denken der Geistesgeschichte nachzugehen. Dazu gehören allerdings nicht nur philosophische und theologische Texte, sondern etwa auch die revolutionäre Einführung der Zahl 0 ins Rechnen des Mittelalters durch Leonardo Fibonacci oder jener eher spektakuläre Beweis der physikalischen Macht des Nichts als Vakuum durch Otto von Guericke mit seinen sogenannten Magdeburger Halbkugeln.

und immer neu zu versuchen, diesen Bereich einzugemeinden ins große Ganze des Seins? Wohl sind dies nur die allerers-
ten, spärlichsten Fragehinweise. Die Frage verlangt als Frage
eigens eine ausgeführte Konstruktion. Was ist mit der Wirk-
lichkeitsdimension, die Metaphysik je und bis heute verworfen hat und verwirft, um sie wie ihren eigenen Schatten doch
je nicht loszuwerden? Welche für metaphysisches Denken
ungedachte Wirklichkeit wird hier nur mit Negationen bedacht, um sich trotz aller Verwerfung doch immer wieder
unangemeldet einzustellen? Psychologisch eher fragwürdig
von einer metaphysischen Urverdrängung zu sprechen hätte
vielleicht darin doch seinen Sinn, daß das Verdrängte eben
durch und dank der bewußten Verdrängung zunehmend um
so mehr Macht gewinnen mußte bis hin zu verzweifelten
Phänomenen des Nihilismus, die keine heilvollen Möglichkeiten mehr sehen, dem Verdrängten standzuhalten.

So gilt es den nächsten, tastenden Schritt zu tun. Der Bereich bloßer Negationen, wo nur noch der Titel „Nichts" zur
Hand ist, wird durchstoßen. Dahinter öffnet sich das Offene
des Geheimnisvollen, des reinen Mysteriums, des ganz Anderen. Gott im Nichts ist das ungedachte ganz Andere. Dieser Satz paßt in kein ontologisches Seinsgefüge mehr, indem
im Gegenteil daran jeder metaphysische Gedanke zerbrechen
müßte. Das Geheimnis Gottes wird aus einer Richtung ver-
nommen, die Aristoteles zwar fern, biblischer Gotteserfah-
rung aber desto näher stehen müßte. Alles Reden von der Offenbarkeit Gottes kann damit nicht mehr zur schalen Vertrautheit, zur theologischen Sicherheit führen, in der die
Fremdheit, Rätselhaftigkeit und erregende Andersartigkeit
Gottes untergeht. Das ganz Andere ist gerade in seiner Anwesenheit, Offenbarkeit und Nähe alles andere als fraglos
und selbstverständlich. Wo es sich meldet, wo es einbricht,
wo es unter die Haut geht, zerreißt der Schleier des Einen.

Denken, Besinnung, Vernunft, Sprache, von anderen Lebensbereichen einmal zu schweigen, geraten in den Sog eines Unbewältigten und Überwältigenden. Gott als das ganz Andere wird zum Signal eines Denkens, das von Anfang bis Ende von dieser Betroffenheit lebt.

Die Unvertrautheit muß es sogar verbieten, das ganz Andere theologisch zu einem metaphysischen Selbst und Subjekt aufzubauen. Gott ist sosehr ganz anders, daß ihm auch die höchsten Ehrentitel metaphysischer Theologie nicht angemessen sind. Der höchste Begriff neuzeitlicher Metaphysik, das Subjekt-Sein, bedeutet mit all seinen Problemen gewiß ein Vielfaches. Maß aller Wahrheit und Gewißheit, Bezugspunkt und Grund aller wahren Erkenntnis, Wurzel und Schöpfer allen Denkens und Wissens, freier Herr seiner Entscheide und Taten: Dies sind nur einige der auffälligsten Züge des neuzeitlichen Subjekts. Auf den Menschen angewandt zur Bezeichnung seiner besonderen Seinsweise ist dies mehr als nur fragwürdig, auf den theologisch gesehenen Menschen wie etwa bei Friedrich Schleiermacher nicht weniger. Eine bloße, protestierende Umkehrung dieser Situation bei aller Betroffenheit durch Gottes Eingriff selbst scheint jedoch dort vorzuliegen, wo Gott als das ganz Andere denkend zum bloßen Subjekt wird, zum freien Herr-Sein, Macht-Sein, Ich als Ich der Liebe und vor allem Ich[12].

Das ganz Andere ist und bleibt das ganz Andere noch in seiner nächsten Nähe. Niemals kann und darf es als metaphysisches Selbst und Subjekt denkend eingeholt werden, würde es auch noch so groß gedacht. Das einsichtige Motiv, Gott im Gegensatz zu allen menschlichen Mächten alle Macht zuzusprechen, verbaut dort den Zugang zu diesem besonderen

---

[12] Diese wahrscheinlich allzu einseitigen Sätze stehen unter dem unmittelbaren Eindruck einer intensiven Neulektüre der Gotteslehre von *Karl Barth*, Kirchliche Dogmatik II, 1, Zürich 1940.

Gott, wo sein radikales Anderssein ins Licht eines allmächtigen Subjekt-Potentaten gerückt wird, mag dessen Potenz auch noch so eindrücklich und überzeugend als Liebe verstanden werden. Gott ist und bleibt Gegen-Stand des Denkens, des Suchens und Untersuchens noch in seiner intensivsten Gegenwart. Bei aller Kraft der denkenden Vergegenwärtigung Gottes ist Gott noch etwas anders als alles Gedachte und Gesagte über Gott, von Gott, zu Gott. Wo dieser Unterschied mißachtet wird, übernimmt der Theologe, als menschliches Subjekt im Namen dieses göttlichen Subjekts sprechend, in reduzierter Form nur allzuleicht sämtliche Züge dieses Herrn. Die größte Sachnähe des Denkens kann diesen Unterschied nicht unterschlagen. Nur so bleibt Gott wirklich das ganz Andere. Nur so bleibt aber auch Denken frei und wirklich zur Freiheit berufen. Eine Theologie der Freiheit hat vielleicht an diesem Ort ihren innersten Ort der Befreiung erreicht. Ein Denken, das zwar vollmächtig zur Freiheit aufruft, um aber nur aus einer anderen Abhängigkeit von einem anderen Subjekt zu leben, ist noch nicht wirklich in der Nähe des ganz anderen Gottes und der darin erhoffbaren Freiheit des Menschen. Das ganz Andere ist auch die Befreiung des Denkens selbst, nicht um eine neue, göttliche Fessel anzulegen, sondern um Freude zu haben an der herrlichen Freiheit auch des Denkens. Als der ganz Andere ist Gott der Erzprovokateur wirklicher Freiheit.

In den ersten Generationen der christlichen Gemeinden war das Bewußtsein noch lebendig, daß der Gott des Exodus und der Anastasis unvergleichbar anders sei. Etwas von der abweisenden Fraglichkeit und verhüllenden Rätselhaftigkeit des von außen einbrechenden „Ich bin, der ich bin" war im Bewußtsein gegeben. Daß der „unbekannte Gott" des Kreuzes auf keine Linie zu bringen war mit den Göttern der Umwelt, gehörte zu den selbstverständlichen Erfahrungen der

ersten christlichen Generationen. Zwar hatte lange zuvor
schon die Septuaginta, das Alte Testament der ersten Christen, den Sinn dieses für ein Verständnis Gottes wichtigen
Leitsatzes aus dem Exodusbericht griechisch mit „Ich bin der
Seiende" wiedergegeben: ὁ ὤν. Ob der alexandrinische
Übersetzer um 200 v. Chr. bereits an die Prägung dieses Par-
tizips durch das Denken der griechischen Philosophie gedacht hat, mag fraglich bleiben. Mit dieser Übersetzung jedoch war bestimmt für die späteren Leser der griechischen
Bibel unter dem Druck der hellenistischen Zeit eine entscheidende und symptomatische Brücke zum Gott des Parmenides und der Griechen geschlagen, die späteres Denken vor-
entscheidend vorwegnahm. Insbesondere die marcionitische
Sonderkirche war jedoch unter dem bestimmenden Einfluß
der Gnosis noch tief vom Wissen geprägt, daß der Gott der
erlösenden Liebe und des Heils in keiner Weise vergleichbar
den Göttern in und von dieser Welt sei[13]. Gerade hier war auf
dem Hintergrund des Kreuzesgeschehens die zentrale Stellung der Frage nach dem Wesen dieses Gottes lebendig, das
Wissen also, daß auf Grund des Geschicks Jesu auch das Wesen Gottes neu und anders zu durchdenken und zu verkündigen sei. Aus verschiedenen, zum Teil vordergründigen, zum

---

[13] Zur Einführung in die heutige Gnosis-Interpretation vgl. Gnosis, Festschrift für Hans Jonas, Göttingen 1978. *Kurt Rudolf*, Die
Gnosis, Göttingen 1978. Gerade für theozentrische Theologie müßte
eine intensive Beschäftigung mit dieser Thematik, besonders mit
Marcion, naheliegen, handelt es sich doch um kein geringes histori-
sches Vorspiel ihrer eigenen Problematik. Eine Wiederholung des In-
terpretationsversuchs von *Adolf von Harnack*, Marcion: Das Evangelium vom fremden Gott, Leipzig 1921, von anderen, heute relevanten, systematischen Gesichtspunkten her dürfte nicht nur zur historischen Vertiefung der heutigen Fragerichtungen beitragen, sondern
müßte den inneren Stachel metaphysischer Theologie, die Verkoppelung von Sein und Gott, besonders spürbar werden lassen.

Teil sehr naheliegenden Gründen schied die Großkirche diese erfolgreiche Spielart der Gnosis jedoch von sich aus. Es war dies aber zugleich und in Einem ein weiterer Schritt zur Versöhnung zwischen dem Gott Jesu und dem Gott des Platon und Aristoteles – zulasten des ersten, zugunsten des zweiten. Für die Apologeten bestand die Frage in dieser scharfen Grundsätzlichkeit kaum. Das Studium griechischen Denkens ermöglichte im Gegenteil die erfreute Feststellung, daß man mit dem eigenen Gottesverständnis nicht ganz allein in der Welt stand. Dennoch, die gewaltigen Auseinandersetzungen der alten Kirche um die christologischen Formeln bedeuteten in zentraler Hinsicht gerade den Versuch, das Eigenste und Unverwechselbare dieses Gottes sichtbar und bewußt bleiben zu lassen. Dazu bestand mit dem zunehmenden Eintauchen in die spätantike Welt auch mehr als nur ein Grund. Wo immer seither und bis heute das Wesen Gottes in den Formeln der Trinität angedacht wurde, geschah dies bei aller Fraglichkeit auch und vor allem in der Absicht, sich gegen den Gott der Griechen spröde und ausgrenzend zu verhalten. Das Bewußtsein der letzten Unterschiedenheit blieb immer irgendwo wach. Das Wissen um die Notwendigkeit, Gott anders zu denken, als es das griechische Seinsdenken vorgedacht hatte, blieb immer irgendwo lebendig. Die harten, massiven Kämpfe der alten Kirche rund um diese spekulativen Formeln dürften deutlich genug zeigen, daß es darin nicht um belanglose Spekulationen ging. Umgekehrt bewegt sich gerade die trinitarische Gotteslehre vollauf in den Begriffen der Metaphysik und verstrickte sich bei allem Willen zur Ausgrenzung nur desto tiefer hinein. Der Kampf in einer bestimmten Front kann auch andernorts derart prägend werden, daß der nachfolgende Sieg über einen Gegner die Tatsache höchstens verdeckt, daß man ihm mehr als nur ähnlich geworden ist. Die Verschwisterung christlichen Denkens

Gottes mit Metaphysik wurde gerade dadurch für die Zukunft bleibend zementiert. Wenig mehr stand der Möglichkeit im Wege, das „Ich bin, der ich bin" platonisch und neu-
platonisch zu hören. Im Gegenteil verdanken sich wesentliche Erfolge der spätantiken Kirche dem erfolgreich vollzoge-
nen Guß eines „Platonismus fürs Volk". Das besondere
„Sein" Gottes selbst war für die Zukunft keine Frage mehr,
höchstens noch die sekundären Fragen nach seinem Was-Sein
und Wie-Sein und vor allem die Frage seiner Erkennbarkeit.
Bis in die neue und neueste Zeit hinein konnte besonders die
Erkenntnisfrage sogar den Anschein erwecken, die eigentliche und grundsätzlichste Form der Gottesfrage zu sein. Dafür
zeugen all die Auseinandersetzungen um Vernunft und Of-
fenbarung, Philosophie und Theologie, Denken und Glauben. Daß sich dahinter jedoch noch viel grundsätzlicher eine
Seinsfrage verbarg und verbirgt, konnte unter Umständen
ganz in Vergessenheit sinken.

Ein knapper Rückblick auf die spannungsgeladene Geschichte des Verhältnisses von „Sein" und „Gott", Metaphysik und Theologie, zeigt bereits deutlich, daß die harmlos tönende Formel „Gott ist" von Anfang an etwas vom Fraglichsten war. Die heutige Auseinandersetzung mit dem neuzeitlichen Atheismus und Nihilismus fügt alledem nur ein neues,
zusätzliches Kapitel an. Die Fraglichkeit selbst stammt nicht
von heute, sondern hat ihre lange Vorgeschichte. Allerdings
wird es nötig, daß Theologie gerade im Horizont der heutigen Fragen ihr eigenes Verhältnis zur Metaphysik neu und
grundsätzlich überdenkt. „Gott ‚ist' Nichts" stellt in dieser
Richtung den Versuch einer theologischen Widerstandsfor-
mel dar, nicht um damit und mit einem Schlag dem Bann der
Metaphysik zu entgehen, doch immerhin, um diesen Bann
deutlich spürbar werden zu lassen. „Gott: das ganz Andere"

bildet eine erste, ungefähre Wegweisung in der Richtung, die einzuschlagen ist.

Sein – mit einem alten Ausdruck metaphysischen Denkens: das Eine – besteht im radikalen Unterschied zum Anderen außer, über und neben allem, was irgend „ist". Dem Vorwurf eines Dualismus kann und will sich diese Formel vorerst nicht entziehen. Im Gegenteil stellt sie sich dem metaphysischen Seinsgefüge von Sein und Seiendem entgegen, in welchem alles letztlich eins ist. Dieses Eine ist gerade nicht das Einzige, Alleine, sondern es steht in beständiger Auseinandersetzung mit dem Andern. Das Eine ist nicht causa sui, Grund seiner selbst, reine Selbstbezogenheit. Das Eine empfängt sein Wesen aus dem Bezug zum Andern. Dieser Bezug aber beruht erstlich und letztlich im Unterschied selbst, der so radikal an die Wurzel gehend gedacht werden muß wie der Unterschied von Sein und Nichts. Dieser Leitsatz des Denkens ist so „dualistisch", wie es die Unterscheidung von Gott und Welt, Schöpfer und Schöpfung, Wohnung Gottes und Wohnort der Menschen ist. Metaphysik hat das Bedürfnis, diese Unterscheidung auf einen letzten, harmonischen Einheitsgrund zurückzubringen. Gemessen an diesem Motiv hat Schelling tatsächlich recht, wenn er den Dualismus einmal »ein System der Selbstzerreißung und Verzweiflung der Vernunft" nennen kann[14]. Daran mag metaphysische Vernunft zur Verzweiflung kommen. Biblischer Sprache dagegen ist die Form der offenen Unterscheidung das Gegebene. Theologie braucht hier nicht in falscher Front mitzutrauern. Die Versöhnung, von der sie zu sprechen hat, hat ganz und gar nichts zu tun mit einem Bedürfnis nach Allharmonie.

Nach Heidegger wurde das Wesen des Seins im griechi-

---

[14] Philosophische Untersuchungen über das Wesen der menschlichen Freiheit, Werke IV, hrsg. v. *Manfred Schröter*, München 1965, 246.

schen Gedanken der Physis vorgedacht. Physis, „Natur" im griechischen Sinn, ist das von sich her Aufgehende und sich selbst Zeigende, um sich in der Enthüllung zugleich zu verbergen. Theologie jedoch hat nicht die Schöpfung aus sich selbst zu denken noch gar diese als Gott zu verehren. Sie denkt und erfährt das Wesen des Einen in und aus dem Bezug zum Andern, das außer und über aller Physis steht. Der Unterschied des Einen zum Andern ist sogar dieser Bezug selbst. Welt spielt und kreist nicht in sich selbst. Jedem Versuch, das Eine für sich und aus sich zu denken, widersteht die ungedachte Macht des Andern. Jedem Unternehmen, welches das Eine mit Gott gleichsetzt, entgeht das Geheimnis des ganz Anderen. Jedem Wagnis, das dem Einen den Titel Gott verweigert, wären es auch bedenkliche Versuche wie der Atheismus oder Nihilismus des 19. Jahrhunderts, kommt in dieser Hinsicht größere Wahrheit zu.

These 3. Gott: das radikale Jenseits und die Mitte des Einen

Es unterliegt keiner bloßen Beliebigkeit, ob das Eine oder das Andere Gott genannt wird. Daran müßte sich im Gegenteil das Fragen theozentrischer Theologie auf dem Hintergrund übergreifender, geschichtlicher Zusammenhänge in besonderer Weise entzünden. Auch wenn dem Einen der Titel Gott verweigert wird, kann von einer bloßen Konzession an den neuzeitlichen Atheismus und Nihilismus keine Rede sein. Statt dessen ist Theologie von sich aus gehalten, an den Grenzen metaphysischer Möglichkeiten zu fragen, wem oder was sie diesen Titel zusprechen kann und soll. Die Fragwürdigkeit des Seinsdenkens muß Theologie dazu führen, den Sinn dieses Namens und Nennens vertiefter zu überdenken, als dies im Bereich metaphysischer Theologie möglich und

der Fall ist[15]. Nennt der Name einen alles tragenden Sinngrund oder eine Macht, die ohne Grund einfällt und einfährt
wie ein Blitz? Nennt der Name die alle Zerrissenheit einende
Einheit des Ganzen oder eine Macht, die als innerer Riß durch
die Ganzheit der Schöpfung geht? Nennt der Name das Eine
oder das ganz Andere, die griechische Physis oder die Über-
macht über und jenseits aller Welt? Woher erwartet Theologie Heil, Sinn, Wahrheit, aus der Lichtung des Einen oder in
der Offenbarkeit und Gegenwart des Anderen? Ist das „Ich
bin, der ich bin" mosaischer Platonismus oder der radikale
Angriff darauf?

Es wird Sache exakter Exegese und differenzierterer Überlegungen sein, diese allzu groben Alternativen zu verfeinern.
Immerhin dürfte deutlich werden, daß sie in den Bereich
theologischer Grundentscheidungen einweisen. Fern aller
bloßen Beliebigkeit und Zufälligkeit geht es darin um die
Möglichkeit und Notwendigkeit, biblische Gotteserfahrun-
gen denkend zu vergegenwärtigen, mehr noch, Denken in
den Erfahrungsbereich von Gottes Wirklichkeit selbst ein-
zuweisen. Darin liegt einzig und allein der Rechtsgrund dafür, daß hier in eher ungewohnter Weise Gott in engste Nähe
zum metaphysischen Nichts gebracht wird. Die Frage, ob
einmal mehr nur eine bloße Novität um der Neuheit willen
angestrebt werde, ist damit negativ abgewiesen. Die wesen-
hafte Notwendigkeit theologischen Denkens liegt nicht auf
der Ebene der Zeitgemäßheit. Es muß nicht um jeden Preis
weitergedacht und weitergefragt werden. Nicht einmal die

---

[15] Gegen die Form dieser Frage spricht auch nicht Karl Barths Gedanke, wonach Gott der sich selbst Prädizierende ist, während der
Mensch diese Selbst-Prädikation nur nachzuvollziehen hat. Dieser in
seinem Zusammenhang wichtige Gedanke läßt jedoch das Problem
offen, ob nicht der Gedanke des göttlichen „Selbst" und Subjekts
nicht selbst zutiefst metaphysisch geprägt sei.

an sich richtige Einsicht der Hermeneutik, jede Zeit habe ihr
Denken Gottes und des Glaubens neu und anders zu verant-
worten, reicht an die eigentliche Notwendigkeit heran. Nicht
zu reden davon, daß theologische Werke der Tradition in ihrer authentischen Form nicht selten ersprießlicher zu lesen
sind als deren zeitgenössisch aufgemachte Übersetzung. Die
Notwendigkeit beruht in der Tatsache, daß Theologie zumeist metaphysische Theologie war, sobald sie von Gott zu
sprechen begann, daß sie aber nicht mehr metaphysische
Theologie in einer herkömmlichen Weise sein kann. Diese
Möglichkeit ist unter der Hand zerbrochen, unter anderem
durch die Entwicklung der Metaphysik selbst bis hin zum
Nihilismus. Die fraglose Verkoppelung von Gott und Sein ist
nicht wiederholbar, es sei denn, Theologie mache sich selbst
zum Verteidiger vergangener und zerbrochener metaphysischer Grundstellungen. Von ihren Ursprüngen her gesehen
dürfte jedoch gerade dies nicht ihr hauptsächlichstes Amt
sein.

Sichtbar ist rückblickend jedoch, daß christliche Theologie
das Ihre dem griechischen Bedenken der Physis zumeist nur
eingebaut hat, ohne dieses durch den Gedanken zu übersteigen, daß Gott noch etwas anderes sei als der Grund der Natur. Christliche Gotteslehre hatte auf weite Strecken das Prekäre an sich, daß sie im biblischen Sprachkleid eher einer Verehrung des Seinsgrundes gleichkam, anstatt zur Vergegenwärtigung des Schöpfers über, außer und jenseits allen Seins
denkend anzuleiten. Anstatt ein Denken in der Gegenwart
des ganz Anderen zu sein, war die Konsequenz nicht selten
genug eine bloße Bestätigung der allmächtigen Herrschaft
des Einen. Theologie war trotz allen Sicherungen, die sie in
anderen Teilen ihres eigenen Denkens, etwa der Christologie, enthielt, nicht immer klar genug geschützt gegen die
Möglichkeit, zum bloßen Herrschaftsinstrument der Macht

des Einen zu werden. Die Ohnmacht des Kreuzes wie auch das befreiende Osterlachen klingt in den dogmatischen Artikeln de deo selten genug an. Der Ernst göttlicher Herrschaft, Autorität und Allmacht dominiert, ein überweltliches Bild weltlicher Herren, die nichts ihrer Hand entgleiten zu lassen bereit sind.

Sicher finden sich immer auch wieder andere, hellere Töne. Berühmte Ausnahme sind, um nur ein Beispiel zu nennen, die immer wieder auftretenden, meist nur mit Skepsis geduldeten und trotzdem nicht wegzudenkenden christlichen Mystiker. Die beata visio dei etwa eines Meister Eckhart bewahrt in sich in der äußeren Sprache der Metaphysik ihrer Zeit und auf ihre Art das anastatische Element, das zur stillen Erfahrung und Andacht des ganz Anderen gehört. Um so erstaunlicher ist es vielleicht, daß in der Reformation die Lehre von Gott kaum von einer Reform des Denkens tangiert wurde. Eine Ausnahme bildet in verschiedener Hinsicht Luthers „De servo arbitrio". Darin wird greifbar nach allen Seiten, daß alle Reform in der theologischen Umkehr gipfeln und auch ein neues Denken Gottes eröffnen will. Eine Theologie des Kreuzes führt zwangsläufig zu einem anderen Verstehen von Gottes „Sein". Doch außer bei einem Einsamen wie Jacob Boehme ging die Saat kaum auf. Nur zu bald und unbedenklich wurde in der Orthodoxie, in mehr oder minder gewichtigen Teilen verschieden, Gott wieder, was er gewesen war: metaphysische causa und finis aller Welt. Reformiert wurden die Kirche und die wichtigsten ihrer Lehren, kaum aber das eigentliche Denken Gottes[16]. Es waren andere, vor

---

[16] Es dürfte in diesem Zusammenhang gerade kein Zufall sein, daß die Gotteslehre von Eberhard Jüngel und in anderer Weise von Jürgen Moltmann die Kreuzestheologie Luthers mit Gründlichkeit wieder aufnimmt. Darin handelt es sich keineswegs um eine bloße Spezialität protestantischer Theologie, um das ziemlich verspätete

allem außerkirchliche Anstöße, die in Kirche und Theologie das Denken in dieser zentralen Beziehung in späterer Zeit erneut in Bewegung brachten.

Auch diesem knappen Rückblick fehlt das Meiste, was über eine bloße Akzentsetzung hinausgehen und damit auch noch gesagt werden müßte. Wichtiger als historische Differenzierungen dürfte jedoch sein, daß es in einer veränderten Situation – um einen bildhaften Ausdruck Kants zu gebrauchen – für Theologie wohl darum geht, Metaphysik die Schleppe nicht weiter nachzutragen, sondern die Fackel der Besinnung voran. Damit ist kein Wort über Philosophie gesagt. Ob Philosophie die große Tradition philosophischer Theologie weiter und auf neuen Wegen fortsetzt, oder ob „im Schatten des Nihilismus" (Weischedel) und an den Grenzen metaphysischer Möglichkeiten wirklich alles ins definitive Ende und abschiedliche Schweigen auslaufen muß, ist eine Frage für sich, die der Philosophie überlassen bleiben darf. Theozentrische Theologie würde darin im besten Fall, wie schon während Jahrhunderten immer wieder, ein ernstzunehmendes Gegenüber haben. Metaphysisch geprägte Theologie ist jedoch für sich angehalten, über diese Grenzen hinwegzuschauen und hinauszugehen. In den Bereich der Metaphysik fiel und fällt alles: der Mensch, Sprache und Denken, das Schöne, Gute, Wahre und deren Gegensatz, die Gesellschaft und Religion, die Welt der Dinge und der Natur,

---

Hineintragen reformatorischer Einsichten bis in die Lehre von Gott. Das primäre Motiv und zugleich die größere Bedeutung dieser Rekapitulation liegt wohl darin, daß es gezielt um ein Verstehen des besonderen Wesens eines Gottes geht, der nicht apathisch allem Leiden fern steht wie der Gott des Aristoteles, dessen Wesen sich im Gegenteil zuerst an der Ohnmacht des Kreuzes erschließt. Die kritische Frage, wie konsequent und grundsätzlich diese Absetzung des „gekreuzigten Gottes" vom Gott der Metaphysik geschehen sei, gehört in einen anderen Zusammenhang.

das All, kurz das Eine in seiner Vielheit und Einheit. Doch eines fehlt darin: das ganz Andere zum Einen und zu allem. Je schon vorgedacht in Metaphysik, doch nie selbst bedacht, je schon einbezogen, doch immer wieder verworfen und negiert, je schon da und doch nie als es selbst wahrgenommen und durchdacht, wartet das Andere darauf, auf sein besonderes Wesen hin erfragt zu werden. Metaphysik kennt diesen Gott höchstens in abweisender Negationsform. Als der Negierte und durch die Negation nicht Gedachte ist er ein wartender Gott. Theologie hat die Aufgabe, denkend diesem Gott immer neu und zunehmend mehr zu entsprechen. Diese Entsprechung kann mit Sinn ein Vergegenwärtigen heißen, ein Ankommenlassen des auf Denken wartenden Ungedachten.

Wohl gibt es gerade auch innerhalb der Philosophie starke Zeugen für die Erfahrung dessen, was sie „Nichts" nennt. Heidegger hat das eigenständige Anwesen dieser Gegenmacht anfänglich wahrgenommen wie kaum ein Denker zuvor. Doch auch er hat diese Erfahrung als Erfahrung eines ganz Anderen nicht durchdacht, nicht durchgehalten und wieder verworfen. Sartre kam im Gefolge Heideggers und in anderer Weise mit seinem Denken des Nichts dieser unwirklichen Wirklichkeit gefährlich nahe. Jedoch auch er sagt dann in tempierendem Anklang an Parmenides: „Das Nichts kann nur auf dem Boden des Seins nichten; wenn Nichts gegeben sein kann, so weder vor noch nach dem Sein und ganz allgemein auch nicht außerhalb des Seins, sondern mitten im Sein selbst, in seinem Herzen, wie ein Wurm."[17] Fast schlaglichtartig wird hier sichtbar, daß auch Sartre sich eine Wirklichkeit „außerhalb" des Einen nicht denken kann, was immer der metaphysische Ausdruck „außerhalb" hier und anderswo

---

[17] Das Sein und das Nichts, deutsch Frankfurt a. M. 1962, 61.

bedeute[18]. Einzig der Mensch spielt auf der Oberfläche des
Seins als dessen Verneinung (néantisation). Sein Wesen besteht sogar in der Negation des Seins. „Der Mensch ist verurteilt, frei zu sein. Verurteilt, weil er sich nicht selbst erschaf-
fen hat, anderweit aber dennoch frei, da er, einmal in die Welt
geworfen, für alles verantwortlich ist, was er tut."[19] Der
Spalt, der Abstand, das offene Zwischen zwischen Mensch
und Sein, wird für sich nicht eigens bedacht. Das Wesen des
Nichts besteht einzig in der Verneinung des Seins durch den
Menschen. Daß darin noch ein ganz Anderes am Werk sein
könnte als nur Mensch und Sein, liegt jenseits eines Denkan-
satzes, welcher die unbedingte Wahrheit noch im „ich denke" des menschlichen Ego sucht.

Dasselbe gilt von einem anderen metaphysischen Ahner
des Anderen, Samuel Beckett. „Ja, Schluß mit den Dementis,
alles ist falsch, es ist niemand da, das ist klar, es ist nichts da,
Schluß mit den Phrasen, wir wollen betrogen sein, von den
Zeiten betrogen, von allen Zeiten...". Das Nichts meldet sich
Wort für Wort übermächtig. Doch es ist nur ein neuzeitliches
Ich da, um diesen neuartigen Sender zu empfangen. Darum
ist es auch nicht in der Lage, diesem angemessen zu begegnen. „Alles, was ich sage, hebt sich auf, ich werde nichts gesagt haben." Zu sagen gibt es nichts mehr vis-à-vis de rien.
Das Nichts meldet sich katastrophenhaft-fatal. Es ist „unser
allerletzter Winter". Wohl erfährt sich dieses Ich ebenfalls als
frei, doch diese Freiheit ist nur noch „mein problematisches
Wacheschieben in der Freiheit, vor dem Friedhofstor". Zu
sagen gibt es wirklich nichts mehr außer: „Nun ja, da bin ich,
ein kleines Staubkorn in einem kleinen Winkel, das ein aus

---

[18] Parmenides gebraucht dafür πάρεξ, lateinische Philosophie
entweder extra oder praeter.
[19] Ist der Existentialismus ein Humanismus? Frankfurt a. M.
1971, 16.

dem verlorenen Draußen kommender Hauch hochhebt und
das der nächste wieder niederschlägt."[20]

Die Macht des Anderen meldet sich hier und in analogen
Texten vor allem als Ende des Einen. Die Chance des ganz
Anderen und unbegreiflich Neuen wird nicht spürbar. Alles
ist aufgemacht auf Nein, Trotz und Abschied. Das „abschiedliche Denken" (Weischedel) sieht noch nicht die Möglichkeit einer Freiheit des Menschen, die um das Eine und
seine Göttlichkeit nicht trauern muß. Dazu ist es wohl nötig,
daß nicht nur die metaphysische Sinnganzheit des Einen,
sondern nicht weniger das neuzeitliche Wissen des Ichs um
sich selbst als Prinzip des Denkens verlassen wird.

Das bedeutet, daß nicht das Eine allein nach seinem Bezug
zum ganz Anderen neu bedacht werden muß. Zu fragen ist
nicht weniger nach dem Wesen des Menschen im Hinblick
auf das Andere außerhalb des Einen. Der Mensch existiert:
Das heißt, er ist wirklich in seinem Dasein hinausgehalten in
ein Jenseits des alleinen Seins. Dort, wo er seinem Wesen
wirklich nahe kommt, wird er durch das grundlos Andere
berührt und betroffen. Dieses wirkliche Wesen als Freiheit zu
bezeichnen ist sinnvoll. Das Wesen der Freiheit besteht jedoch nicht in einer bloßen Absetzung vom Sein und den
nächstgelegenen Seinsbezügen. Noch viel weniger geht es
um eine bloße, grundlose Selbstbehauptung um seiner selbst
willen, einen bloßen Kampf ums Dasein um des bloßen Daseins willen. Dasein als nacktes Daß der Existenz im Kampf
ums knappe Überleben und vor allem Nichtüberleben ist die
brutale Realität von Millionen. Diese Tatsache gehört heute
so wesentlich zur Bestimmung des Wesens des Menschen wie
das Reden von möglicher Freiheit. Daß angesichts dieser Tatsache jedoch und gerade nicht aufgehört wird, von möglicher

---

[20] Erzählungen und Texte um Nichts, Frankfurt a. M. 1962, 111,
34, 114, 130, 148.

Freiheit zu sprechen, darauf kommt es um so mehr an. Freiheit aber meint die Chance, daß der Mensch mitten im Einen
ein ganz Anderes wahrgenommen hat. Der Mensch existiert
als freiwerdender nicht aus dem Einen, sondern aus der Gegenwart des Anderen. Befreiung heißt, auf die Spur dieser
großen Alternative zu kommen und daraus zu existieren. Es
geht in aller Auseinandersetzung um die Vergegenwärtigung
des ganz Anderen. An der möglichen Gegenwart Gottes gemessen wird alle Geschichte zur bloßen Vorgeschichte. Gemessen an diesem Ermöglichungsgrund der Freiheit wird alles Bestehende und Gewesene zum bloßen Versprechen
wirklicher Freiheit.

Wie das Eine dem Anderen ausgesetzt besteht, insistiert das
Andere dem Einen. Die Existenz des Einen und die Insistenz
des Anderen bedingen sich gegenseitig. Auf menschliche
Existenz bezogen bedeutet dies, daß ihm mitten in der Auseinandersetzung mit dem Einen plötzlich das ganz Andere als
Insistenz erfahrbar werden kann: nämlich dort, wo er das
Eine als gründenden Schutz und Hort gegen das Andere
preisgibt; wo er sich selbst als metaphysisches Ego und
Grund der Gewißheit und Wahrheit aufgibt; wo er es wagt, in
der Wirklichkeit des „Nichts" das ens realissimum wahrzunehmen und daraus zu leben, zu handeln und dann eben auch
zu denken.

So bestimmt diese anthropologischen Sätze tönen mögen,
sosehr sind sie von allen Seiten von Fragezeichen begleitet.
Im besten Fall handelt es sich um provisorische Wegweiser.
Etwas anderes aber ist es, diesen Weg nun auch denkend zu
gehen. Das Wesen des Menschen, anstatt das Selbstverständlichste zu sein, muß im Gegenüber zum Anderen nicht weniger zum Fraglichsten werden. Dieses Wesen kann gerade
nicht mehr aus alledem verstanden werden, was vertraut,
verständlich und gegeben erscheint und so offensichtlich alle

Richtigkeit für sich hat. Die Erfahrung der Geschichte und Gesellschaft, der Menschen, Mitmenschen und des eigenen Ichs, spricht meistens zwar eine deutliche Sprache. Es spricht dies jedoch höchstens gegen diese Erfahrung. Die Möglichkeit, das ungedachte Wesen des Menschen aus dem ungedachten ganz Anderen zu bestimmen, ist damit noch nicht widerlegt, wobei diese Bestimmung ihrerseits noch ungedacht und kaum erfahrbar ist. Christen verweisen in diesem Zusammenhang mit Grund immer wieder beharrlich auf Christus. Sie finden in seinem ungewöhnlichen Reden, Verhalten und Geschick einen gültigen Vorschein und Abglanz dessen, was sie als mögliches Wesen des Menschen nur erst glauben. Im christlichen Glaubensbekenntnis ist darum Jesus, wie er lebte und vor allem starb, das faktische Beispiel der Insistenz Gottes in der ebenso faktisch-historischen Existenz eines Menschen. Gott ist, sagt dies, nicht nur glaubbar, hoffbar. Gott als das Heilvolle, Sinnvolle ist als Wirklichkeit mit in der Auseinandersetzung um das nackte Daß der Existenz.

Um diesen knappen Grundgedanken christlicher Anthropologie in der klassischen Unterscheidung von Jenseits und Diesseits, von Transzendenz und Immanenz zu sagen: Mitten in der Auseinandersetzung des Einen kann sich der Mensch als ausgesetzt an das Jenseits des ganz Anderen erfahren. Was Metaphysik nur als Schatten und am Rand außer und neben dem Einen negativ anzudeuten wußte, muß als das radikale Jenseits des Seins gedacht und damit ernstgenommen werden. Das ganz Andere ist das „Überseyende" des Einen, um einen alten Ausdruck Schellings zu gebrauchen. Indem das Eine besteht, besteht es im Unterschied zum Anderen. Dieser Unterschied besteht als beständige Auseinandersetzung des Einen mit dem Anderen. Das Eine existiert ins Andere hinaus. Das Andere insistiert dem Einen. Indem das Eine so in dauernder Auseinandersetzung mit dem Anderen besteht, geht es eben in dieser Auseinandersetzung um die Immanenz und Insistenz des Anderen im Einen. Das Andere ist so das Äußerste und das Innerste des Einen zugleich. Gott ist äußerste Peripherie und Zirkelzentrum zugleich.

Jede denkmögliche Identität von Sein und Nichts ist damit durchbrochen. Der Versuch des Idealismus genau wie Martin Heideggers, das Andere dann doch noch und dennoch ins Wesen des Einen zurückzuholen und zurückzubinden, wird damit a limine zurückgelassen. Eine jede Absicht zu solcher Tat ist dem Motiv der Metaphysik entsprungen, alles ins Eine und Einzige einzugemeinden. Sosehr das ganz Andere das innerste Wesen des Einen ausmacht, sowenig ist es mit dem Einen dasselbe. Noch in der Immanenz und innersten Insistenz insistiert es als das Andere, Nicht-Identifizierbare, Nicht-Begründbare, Nicht-Ableitbare und nicht auf das Eine Zurückführbare. Noch im radikalen Diesseits ist und bleibt Gott Gott und will als dies und dieses allein wahrgenommen werden. Gott ist und bleibt im Unterschied und als Gegen-Stand zum Einen noch dort, wo er sich wie ein „Wurm" (Sartre) ins Gebälk des Einen einbohrt und einnistet.

Scheinbar leicht läßt sich einwenden, hier werde „das" anstatt „der" ganz Andere gesagt. Es werde damit nur eine Metaphysik mit umgekehrten Vorzeichen angestrebt. Der Personalismus hat tatsächlich schon lange und mit Recht dagegen polemisiert, daß Gott als ein unmenschliches Es an sich über allen Dingen gesucht werde. Dennoch würde diese Argumentation darum zu kurz greifen, weil das ganz Andere niemals als unmenschliches Abstraktum an sich gedacht werden darf. In der Immanenz und Gegenwart des Anderen kann der Mensch im Gegenteil erfahren, was und wer er selbst ist. Im Anwesen des Andern vermag der Mensch frei sich selbst zu werden. „Selbst" bezeichnet damit gerade nicht mehr eine bloße, personale Selbstbezogenheit. Zum freien Selbst wird der Mensch in der Gegenwart des Anderen. Das Wesen des Ichs liegt nicht im „ego cogito", sondern in der Wahrnehmung seiner selbst im Anwesen des Andern. In diesem Sinn gilt die Definition: Gott „ist" das Wesen des Menschen als Person.

Diese sowohl christologisch wie anthropologisch vertraut tönende Formulierung hat es an sich, vorschnell verstehbar zu scheinen. Doch damit ist gerade der ungedachte, ganz andere Gott gemeint, so radikal fremd und rätselhaft wie das Nichts der Metaphysik. Die neutrale Form „das ganz Andere" signalisiert darum treffender die Dimension des Geheimnishaften. Gott ist als Jenseits der Welt und als dieses, nur als dieses, deren Immanenz und innerstes Wesen. Ohne den „deus absconditus" im Rücken ist jedes Reden von einem „deus revelatus" ohne Tiefe und tieferen Sinn. Alles fällt ab ins Banale, Ehrfurchtslose, Allzuvertraute einer Religion, die mit Gott auf Du und Du stehen will. „Geheimnisvoll, geheimnisvoll, geheimnisvoll ist der Gott des All. Die ganze Welt ist seines Glanzes voll" (Jesaja 6). Solche Kernsätze – die sehr freie Übersetzung sei erlaubt – der Nähe und unmittelbaren Erfahrung Gottes widerstehen allem, was Gott auf die Ebene des Allzuvertrauten und Allzugreifbaren herunterholen möchte. Die vertrauliche, unverkrampfte Anrede „Abba, lieber Vater" ohne das Wissen, daß da Gott angesprochen ist, wird zur bloßen Aufdringlichkeit. Das Element dieser Anrede ist nicht das Wissen, sondern das offene Fragen nach Gott, nicht die Sicherheit, sondern die Ehrfurcht, nicht die Sattheit, sondern der Hunger. Der Grund dafür aber liegt nicht im Wesen des Glaubens zuerst, sondern im Geglaubten selbst. Als der Anwesende ist der geglaubte Gott zugleich der Abwesende. Doch als Abwesender ist er zugleich der Anwesende. Als der Gegenwärtige ist er der Verborgene. Als der

Verborgene zeigt er sich, wo immer das Eine und der Mensch
sich ihm öffnen.

These 4. Gott: der grundlose Sinn des Einen

Mit großem Recht wird in der heutigen Theologie auf
weite Strecken alles auf die Frage nach Sinn hin konzentriert.
Zureichend genug verstanden findet sich darin wirklich alles,
was es theologisch zu fragen und zu sagen gibt. Diese aus der
Philosophie Diltheys, der Lebensphilosophie und dem
Neukantianismus herstammende Form der Grundfrage des
Menschseins kann tatsächlich auch als Leitfrage theologischer
Arbeit dienen.

Über das menschliche Fragen nach dem Sinn des Daseins
angesichts alles Sinnlosen wurde dementsprechend schon viel
an Tiefem und Wahrem gesagt. Das Einzige, was in dieser
Richtung kritisch anzumerken wäre, ist, daß die Sinnfrage,
als Frage selbst, noch unzureichend gestellt und gefragt wurde. Mehr noch, gerade diese Frage kann Theologie unter
Umständen dazu verführen, anstatt die besondere Problematik eines Verstehens von Sinn wahrzunehmen, sich auf der
Basis einer solchen Metatheorie desto sicherer zu fühlen, um
dann volltönend wie eine metaphysische Predigt von Gott als
einem letzten Ursprung, Urhalt, Urgrund und Ursinn zu
sprechen[21]. Allzu fraglos ist für metaphysische Theologie die
Frage nach Sinn vorentschieden als Frage nach einem tiefsten
Sinngrund. Allzu selbstverständlich, wenn auch nicht zufällig, zielt die Frage nach dem alles begründenden Sinngrund
auf den letzten Seinsgrund. Allzu bedenkenlos, wenn auch
naheliegend, erhält Gott noch immer den höchsten Ehrentitel

---

[21] Verschiedene wichtige Passagen von *Hans Küngs* „Existiert
Gott?" (vgl. u. a. 625, 629) scheinen mir von dieser Gefahr nicht ganz
frei zu sein.

der Metaphysik, wenn sein tiefstes Wesen als Grund seiner selbst, als causa sui, vorverstanden wird. Darin aber wird noch allzu wenig ernstgemacht mit der Einsicht Nietzsches, daß das im Letzten selbst unbegründete Grundlose damit auch zwangsläufig das selbst zutiefst Sinnlose sei: „Das ist die extremste Form des Nihilismus: das Nichts (das ‚Sinnlose‘) ewig"[22]. Nicht irgendwo am Rand, sondern im Kern der Metaphysik selbst stößt Nietzsche auf das Wesen des Nihilismus. Der in Ewigkeit nur auf sich selbst bezogene, nur durch sich selbst begründete und bewegte, immer nur um sich selbst kreisende Seinsgrund wird ihm im Letzten soviel wie Nichts. Den Nihilismus unterscheidet von theologischer Metaphysik in dieser Hinsicht ungeheurerweise einzig, daß er unter dem Titel „Gott ist tot" nur das offen ausspricht, was er dort verdeckt schon vorgefunden hat. Der nihilistische Wurm nagt verstohlen, doch mit Sicherheit gerade dort, wo metaphysische Theologie sich vielleicht mit Selbstverständlichkeit und volltönend über Gott als Urgrund, Seinsgrund und Sinngrund ausläßt.

Die tiefste Frage des Menschen nach Sinn ist so ambivalent und multivalent, wie es der Mensch selbst ist. Mögen noch so sehr sämtliche Religionen auf ihre Weise nach Sinn gefragt und Sinn gestiftet haben, mögen noch viel mehr sämtliche Kulturen gewaltige Werke der humanen Sinngebung darstellen, mag endlich auch alles je Gedachte nur einem humanen Fragen nach Sinn entsprungen sein, so ist doch und um so mehr nach dem Sinn dieser Frage selbst zu fragen. Was Sinn heißt, ist nicht gegeben, sondern das Fragwürdigste, so fraglich wie das Wesen des Menschen selbst. Wo höchste Sinngedanken der Metaphysik selbst in den Strudel radikaler „Frag-

---

[22] Aus dem Nachlaß der Achtzigerjahre, Werke München 1956, III, 853.

lichkeit" (Weischedel) geraten sind, gilt dies mit erhöhter
Dringlichkeit.

Theologische Besinnung, anstatt auf vorgegebenen Bahnen überlieferter Metaphysik zu fahren, fragt primär nach
dem Sinn der Besinnung. Besinnung aber lebt aus jener Besonnenheit, die sich nicht blindlings dem Einen übergibt,
sondern aus dem Anwesen des Andern lebt. Sie verdankt sich
dem Ansinnen des ganz Anderen. Im Einen geht sie nicht auf,
weil sie das sprengende Andere wahrgenommen hat. Glaube,
anstatt Urvertrauen auf einen letzten Urgrund des Seins, ist
die innere Wahrnehmung des Anderen. Besinnung als denkender Vorgang des Glaubens ist Vergegenwärtigung des
ungedachten Sinns des Anderen. In aller Härte formuliert:
Augerechnet der Logos des Nichts, der Sinn des metaphysisch Unsinnigsten, ist das Zudenkende der Besinnung und
das Geglaubte des Glaubens.

Diese die Tradition verlassende Bestimmung bedeutet
nicht die Anmaßung, erst damit komme das wahre Wesen
von Glaube und Denken in den Blick. Im besten Fall gelingt
es, unter den heutigen Bedingungen Glaube und Theologie
bei ihrer Sache zu halten. Selbst dort, wo sich Glaube völlig
der Sprache und dem Denken der Metaphysik überließ, war
es wohl zumeist gelebter Glaube, der sich seine Sprache zu
schaffen suchte. Glaube ist sosehr Glaubenssache, daß ihm
sogar das im Sinne einer petitio fidei einfach einmal geglaubt
werden muß. Bereits Paulus konnte in diesem Sinn arglos
Formeln der stoischen Philosophie übernehmen. Der beson-
nene Gebrauch fremder Sprache kann durchaus deren Sinn
im Sinne des Glaubens verändern. Die Vorstellung wäre allerdings wohl falsch, als könne der Glaube in jeder beliebigen
Sprache sprechen, sofern er sie nur gründlich genug wasche
und taufe. Sprache und Gedanken bilden kein Arsenal beliebig verfügbarer Spielchips, sondern haben ihre eigene

Schwerkraft und einen Sinn, der sich nicht ohne weiteres umdeuten läßt. Wo allerdings Sprache zum angemessenen Ausdruck des Glaubens, wo umgekehrt Glaube zum Opfer einer ihm sachfremden Sprache und Gedankenwelt wird, dies im Einzelnen abzuschätzen ist nicht im voraus auszumachen. Immerhin aber kann heute im Hinblick auf die sichtbar gewordenen, inneren Schwierigkeiten metaphysischer Tradition eine metaphysische Arglosigkeit nicht mehr am Platz sein. Jedes sich Ausschweigen über Gott, und wäre es auch aus reiner Hilflosigkeit, wäre hier vielleicht beredter als ein noch so vollmächtiges Beschwören des Seinsgrundes der Welt, der Natur und des Menschen. Das Beschwören Baals soll, so geht der Elia-Bericht, schon lange zuvor kein Feuer mehr entzündet und kein Wasser mehr gebracht haben. Wo das verzehrende Feuer des lebendigen Gottes zu brennen beginnt, wo das Licht des ganz Anderen einfällt, da ist es mit der urtümlichen Verehrung der Ur-Sache aller Dinge zuende und ein Hinken nach beiden Seiten bleibt ausgeschlossen[23].

---

[23] Im Hinblick auf die Sinnfrage ist etwa Heideggers „Sein und Zeit" zumindest theologisch noch nicht abgetan und vergangen. Darin fragt er, allen Bestimmungen von Sinn und Sein vorausgehend, nach dem Sein jenes Wesens, welches nach Sinn fragen kann. Der Mensch ist jenes Wesen, welches in bestimmten Sinnzusammenhängen besteht und darin je schon um Sinn weiß. Die Ambivalenz der Sinnfrage wird dabei in eindrücklicher Form herausgestellt. Als Wurzel der Seinsfrage wird die Erfahrung des Nichts in der Angst bezeichnet. Das unmittelbar erfahrene Nichts ist im Hinblick auf die Sinnfrage so bestimmend und fragwürdig wie das Sein. Mehr noch, Heidegger geht soweit, aus der Erfahrung des Nichts die Möglichkeit der Freiheit und eigentlicher, sinnvoller Existenz abzuleiten. Das Nichts – so unbestimmt der Begriff zu dieser Zeit und später auch gebraucht wird – erscheint von seiner sinnhaften, heilvollen Seite. Die Erkenntnis hat sich schon lange durchgesetzt, daß es sich in diesem Gedankengang nicht um beliebige Ansichten eines einzelnen Denkers handelt. Es werden hier Probleme sichtbar, die auf der Ver-

Die Unterscheidung des Einen und des Andern, die als
vorläufige Wegmarke diesen Fragen und Problembereichen
entsprungen ist, wirft ein besonderes Licht auch auf das Sinn-
verständnis der Metaphysik. Was heißt Metaphysik? Die
Frage kann selbstverständlich nicht beantwortet werden wie
die Frage nach einer bloßen Gegebenheit. Die Erwartung einer eigentlichen Definition muß sachnotwendig enttäuscht
werden. Metaphysik ist nicht eine Art Vorhandenheit wie
etwa ein Tisch, über den man so oder anders verfügen, vor
den man sich setzen und den man mit etwas Energie auch
„übersteigen" kann. Metaphysik ist die Herkunft des heutigen Denkens, unter anderem auch und zu wesentlichen Teilen der Theologie. Notfalls gelingt es, ins Wesen dieser Vergangenheit hineinzuleuchten, um darin zugleich frei zu werden für den Anspruch des ganz Anderen, der neu und alt zugleich ist[24].

Im Sinn einer sehr vorläufigen Wesensbestimmung läßt
sich etwa Folgendes herausstreichen: Metaphysik suchte seit
je und auf vielen Wegen, getreu dem mythischen Denken,
aus dem sie herstammt, nach dem Ursprung und Einen in allem. Sie versucht sich je vielfältig des Seinsgrundes zu ver-
gewissern. Mitten in der Auseinandersetzung des Lebens, in
der es an Leid, Tod, Dunkel und Sinnlosigkeit nicht fehlt,
sucht Metaphysik nach einem Grund und Sinn, der trotz allem alles trägt, eint und begründet. Mitten in der Unruhe,
Unsicherheit und Ungewißheit vermittelt Metaphysik auf
vielen Wegen jenes Eine, Gewisse, Wahre, welches in aller

----

längerungslinie metaphysischer Überlieferung liegen. Damit wird
das Fragen nach Sinn selbst erst recht zum Problem.

[24] Die Auseinandersetzung um das Wesen von Metaphysik hat
selbst bereits eine lange Tradition, wie die kritische Verwendung dieses Begriffs etwa bei Kant, Hegel, Schleiermacher, Ritschl, im Logischen Positivismus und ganz anders bei Heidegger zeigt.

Bewegung beständig bleibt und alles in sich vereint. In letzter Konsequenz muß diesem Alleinen sogar der Unsinn botmäßig sein, obwohl eigentlich der Teufel nie so richtig ins Gefüge passen wollte. Dessen erste Eigenschaft liegt daher in der Ungefügigkeit. Die Frage nach dem Sinn des Unsinns, der doch empirisch allerorten, allezeit sichtbar und erfahrbar war, ließ sich nicht immer problemlos damit beschwichtigen, alles habe dennoch letztlich seinen Grund im Einen selbst. Der sogenannte Protest-Atheismus, der seinen Sinnen im Blick auf real erlittenes Elend mehr traut als allen Beschwichtigungen im Blick auf einen tiefsten Ursinn trotz allem, signalisiert hier, von Schellings Problem des Bösen über Nietzsche, Dostojewski bis Camus und weiter, höchsten, metaphysischen Alarm. Die sich radikalisierende Entwicklung der Theodizeefrage im Denken der Neuzeit bis hin zum rückhaltlosen Protest gegen den metaphysischen Gott und eins damit gegen das Elend des Menschen gehört sehr wesentlich mit in die Bestimmung des Wesens von Metaphysik.

Metaphysik will etwas. Ihr Wille und Motiv aber ist keineswegs nur Wille zur Macht, wie Nietzsche dies diagnostizierte. Metaphysik gewährt auch seinsfromm Geborgenheit, Gewißheit und geordnete Ganzheit. Alles hat doch seinen Ort, insbesondere auch die Unordnung und das Sinnlose. Ob der Punkt der Unbedingtheit in allem oder über allem in einer transzendenten Welt an sich oder auch neuzeitlich in der Selbstgewißheit des Ichs gesucht wird, ändert zwar geschichtlich ungeheuer viel. Dennoch handelt es sich in allen Abwandlungen um den Versuch, auf den letzten Grund zu kommen. Metaphysik ist durch und durch begründendes Denken. Denken und legitimierendes auf einen Grund Bringen ist eines. Kontingente Grundlosigkeit, reine Ziellosigkeit, spontanes Schöpfertum ex nihilo ist ihrer Logik verdächtig, so daß sie auch darin ein Gesetz und einen zureichen-

den Grund wahrnehmen muß, wäre es auch nur die Unbedingtheit des schöpferischen Egos. Höchstens der nicht mehr
zu bewältigende Rest gilt als Unsinn, Chaos, in modernerer
Nomenklatur Irrationalität.

Knapp zusammengefaßt: Sinn und Grund ist dasselbe. Besinnung auf Sinn und Begründung im letzten Grund ist dasselbe. Das Eine ist Grund seiner selbst. Alles Seiende hat im
Rückbezug darauf seinen Sinn. Was darauf beruht und davon
herkommt, ist sinnhaft. Was ihm nicht gehört, ist unsinnig
und nichtig und daher zu negieren. Doch bis hin zu Heidegger und Sartre wird Metaphysik nicht müde, dies zu betonen:
Auch das grundlose Nichts gehört im Letzten dann doch dem
Sein. Außer dem Einen, Alleinen, ist nichts, was es zu denken
gäbe, weil Nichts höchstens nicht sein kann und darf. Dem
Einen ist letztlich doch alles gefügig. Das Gefüge des Einen
durchwaltet alles. Ob dieses Gefüge antik als Kosmos von
Himmel und Erde, mittelalterlich eher als creator und creatio
oder neuzeitlich als System gedacht wird, ändert geschichtlich zwar epochal viel, am zugrundeliegenden Willen zum in
sich spielenden Gefüge jedoch relativ wenig[25]. Metaphysik
fügt Welt in ein Sinngefüge, das ohne äußeren Grund in sich
selbst als ein einziger Begründungszusammenhang kreist.
Grundlos und sinnlos ist es in sich alles. Diese Fügung kann
statisch als in sich ruhende Stufenordnung gedacht werden,
die jede Grundveränderung ausschließt. Sie kann aber auch
neuzeitlich gedacht werden als dynamischer, geschichtlich
gefügter und darin sinnhafter Prozeß. An der Grundabsicht
ändert sich nur Relatives. Das Eine ist das Einzige.

Eine Welt und Gesellschaft, gedacht und gefügt nach den
Sinngehalten und Motiven von Metaphysik, beruht auf ei-

---

[25] Zur metaphysischen und politischen Bedeutung des Stichwor-
tes „Geschlossenheit" vgl. die Studie von *K. R. Popper*, Die offene
Gesellschaft und ihre Feinde, Bern und München 1957/58.

nem Grund. Bereits das griechische Wort Archē enthält den doppelbödigen Sinn von „Grund" und „Macht"[26]. Der eine, alles in sich vereinende Grund ist das Machtende. Außerhalb seiner droht der beängstigende Abgrund. Radikale Aneignung oder radikale Verwerfung, das ist an der Grenze zu dieser Gefahr von außerhalb immer wieder die geschichtliche Frage. Wie die Geschichte besonders der Neuzeit zeigt, kann vor allem die Bewältigung der Grenzen dominieren[27]. Grenzen der Verfügbarkeit und der Macht des neuzeitlichen Egos sind dazu da, um überschritten zu werden, unter anderem bis in die Nähe der Erschöpfung seiner ihm zunehmend mehr ausgelieferten Natur. Rufe zur Selbstbeschränkung innerhalb der Grenzen der reinen Vernunft bestätigen indirekt nur den selben Willen, die ganze Erde ins System zu bringen.

Metaphysik ist und bleibt die Herkunft jeden Denkens. Jeder Aufruhr dagegen verstrickt sich notgedrungen nur einmal mehr mit veränderten Vorzeichen in deren Wesen. An den Grenzen von Metaphysik gilt es daher um so mehr, umdenken zu lernen. Besinnung an der Grenze bedeutet Umkehr. Umkehr ist vor allem Zukehr zum ganz Anderen. Äußerstenfalls diese Grenze metaphysischer Vernunft, dieses Unbewußte des metaphysischen Bewußtseins, läßt sich nicht mehr einholen und aneignen. Ein Überschreiten dieser Grenze ist keine Wiederholung eines Kolonisierungsaktes wissenschaftlicher Art mehr. Diese terra incognita entzieht sich gerade jedem sicheren Zugriff. Gemessen am Einen ist das Andere das Grundlose selbst. Gott ist das Unmetaphysische schlechthin. Gemessen am Willen und der Sehnsucht

---

[26] *Aristoteles* erläutert den griechischen Sprachgebrauch Metaphysik, 5. Buch, deutsch München 1966, 92f.

[27] Als eindringliche, geschichtliche Illustration sei hingewiesen auf *Armin Bollinger*, Spielball der Mächtigen. Geschichte Lateinamerikas, Stuttgart 1972.

nach Einheit, Ganzheit, Begründung ist der Schritt zum Andern tatsächlich unsinnig. Dafür gibt es keinen Grund, keinen Nachweis und keine Legitimation außer der wahrgenommenen Gegenwart des Grundlosen selbst. Das ganz Andere ist, weil es ist. Es ist da als das ganz und gar Kontingente. Das Eine besteht nicht mehr in und durch sich selbst, sondern in seiner Auseinandersetzung geht es um die Insistenz des Anderen. Existieren heißt, sich der Insistenz und Einwirkung des ganz Anderen auszusetzen. Besinnung ist Sinn und Geschmack für das ganz Andere als Sinn, Wozu und Warum des Einen.

These 5. Gott: der Urzufall im Gefüge der Welt

An den Grenzen von Metaphysik sind viele Sprachspiele und auch -spielereien möglich. Jedes Betreten dieser Randzone gerät selbst in die Gefahr, zum bloßen Verbalismus zu werden. Anstatt streng einen einzigen Gedanken zu verfolgen – den Gedanken des Unterschieds des Einen und des Anderen etwa – gerät alles in ein dialektisches, unkontrolliertes Spiel von Ja und Nein, das zwar ernst gemeint sein mag, der Strenge des Fragens und der Besinnung jedoch zu entraten droht[28].

Im Hinblick auf diese Gefahr geht es nicht um eine Wiederholung dialektischer Theologie der zwanziger Jahre in anderem Kontext, sosehr offenbar gerade auch diese, wie verschiedene andere, geistige Strömungen unseres Jahrhunderts, anfänglich ihre Nahrung aus diesem Grenzbereich von „ist"

---

[28] Über den vorliegenden, sehr vorläufigen und skizzenhaften Entwurf hinaus verlangt eine konsequente Verantwortung des Gedankens des Einen und des Anderen daher ein methodisch strenges Durchspielen nicht weniger als eine explizite Auseinandersetzung mit der Tradition theologischer und philosophischer Gotteslehre.

und „nicht ist" empfangen hatte. Primäre Aufgabe von Theologie ist nicht ein Verkündigung höherer Ordnung, sondern auf die Spur der Besinnung zu gelangen. Verkündigung verdankt sich selbst der vorausgehenden Besinnung. Diese aber ist ein bloßes Denken und Nachdenken. Als reines Denken hält Besinnung mit vorschnellen Aufrufen zur praktischen Konkretion zurück, um desto mehr auf die Spur des Ungedachten zu kommen. Als ein Nachdenken des schon lange Angesagten und Angedachten ist Besinnung ein Denken dessen, welches schon längst im Denken ist, aber noch lange nicht darin präsent ist. Selbst ein Nachdenken über älteste Texte und Berichte führt der Absicht nach in die denkende Vergegenwärtigung des Ungedachten. Als reine Besinnung hält sich Denken jedoch nicht fern vom realen Dunkel und Unsinn der Wirklichkeit. Besinnung setzt sich denkend mit Sinn und Unsinn des Wirklichen auseinander. Der Gedanke des Sinns des Wirklichen, der Entwurf eines Sinnhorizontes im Licht des ganz Anderen, ist ihr sehr vorläufiges Ziel.

Dennoch sei zugestanden, daß es sich in den Paradoxien, die mit dem Gedanken des Einen und des Anderen verknüpft sind, um ein besonderes Spiel von Ja und Nein handelt. An den Grenzen metaphysischer Denkmöglichkeiten wird behelfsmäßig in Paradoxen gesprochen. Was metaphysischer Vernunft eindeutig Ja heißt, das Ja zum Einen, wird hier in Frage gestellt. Was metaphysischer Vernunft Nein und Nichts war und ist, wird hier fragend bejaht. Dem Einen wird fragend die Einzigkeit, Einzigartigkeit und Absolutheit mit einem harten Nein abgesprochen. Im Sog des metaphysischen Nichts wird ein Ja hörend wahrgenommen, das stärker ist als alle metaphysische Anihilation.

Dieses scheinbar verwirrende Spiel um Ja und Nein ist kein Zufall. In einer vielleicht extrem pointierten Form ist es wohl nur notwendiges Kennzeichen eines in Bewegung geratenen

Denkens. Paradoxien sind zwar nie befriedigend für eine
Vernunft, die ihren inneren Haushalt sauber durchschaut und
geordnet haben will. Gemessen daran ist der Gedanke des Einen und des Anderen in der vorliegenden Form noch denkbar
unsauber und gerade noch nicht „clare et distincte" durchdacht, wie Descartes dies vom methodisch bewußten Denken forderte. Um so mehr können Paradoxien als Grenzsi-
gnale fungieren. Sie widersprechen dem Geläufigen. Sie setzen sich davon ab, indem sie im Bereich jenseits der Grenze
Fuß zu fassen versuchen, um vom neuen Ort aus rückblik-
kend das Wesen des Ausgangspunktes ins Auge zu nehmen.
In diesem Hin und Her erschöpft sich, sehr vorläufig gesagt,
die Grundbewegung. Letztes Ziel aber kann nicht die bloße
Bewegung sein, ein bloßes „Gehen" (Thomas Bernhard).
Ein Gehen um seiner selbst willen kann auch nur ein Gehen
am Ort sein, ein belangloses, rastloses Hin- und Hergehen an
einem allzu dürftigen Aufenthaltsort. Die Bewegung ist nicht
die Sache selbst. Darauf soll denn auch kein besonderes Pathos liegen, obwohl es verheißungsvoller scheint als der
bloße Ausbau eines nach allen Seiten abgesicherten Gedankens. Die Bewegung des Denkens zielt statt dessen auf einen
Gedanken. Das Denken in Gott, Gott im Denken: So einfach
kann vielleicht dieser Zielgedanke formuliert werden, mit
dem die Möglichkeit theologischen Denkens überhaupt steht
und fällt. Gemessen daran sind Pardoxien vorerst nur das
nicht überflüssige Vorfeld.

Sollte diese Randbemerkung eher fragwürdig tönen, so ist
doch eines seit alters klar. Die Frage nach dem Sinn der Bejahung und Verneinung ist aufs Engste mit der Frage nach Sein
und Nichts verbunden, um von den vielen anderen, dazwi-
schenliegenden Aussageformen vorerst zu schweigen. Jeden
Tag sagt man wie selbstverständlich unzählige Male Ja und
Nein. Das gehört zum alltäglichen Lebenselement, von ent-

scheidenden Lebensstationen nicht zu reden. Das Ja bestimmt, das Nein öffnet einen Hiatus und setzt Grenzen. Das Ja vereint, das Nein eröffnet Auseinandersetzung. Über alle diese Einzelphänomene hinaus bleibt die Frage nach dem Sinn selbst von Ja und Nein. Durch eine Phänomenologie, eine noch so lebensnahe Tatbestandaufnahme, wird eine solche Frage nicht erledigt. Nicht weniger ist es eine schlichte Verharmlosung der Sache, wenn diese Frage auf ein bloßes linguistisches Problem reduziert wird. Der Entscheid zwischen „ist" und „ist nicht", von allen Zwischenfärbungen abgesehen, hat statt dessen seine metaphysischen Hintergründe und nicht weniger seine praktische Bedeutung. Die Frage nach dem Sinn von Ja und Nein muß immer wieder neu eröffnet werden, um sie nicht dem allzu selbstverständlichen Gebrauch irgendwelcher Ideologien zu überlassen, die schon längst darüber entschieden haben nach ihren eigentümlichen Gesichtspunkten.

„Brot" ist die erste und wahrscheinlich beste aller Antworten auf die Sinnfrage. Brot würde vielen, während gedankenverloren über Gott nachgedacht wird, das Überleben garantieren. Dies zu verschweigen wäre gewissenlos. Auch in differenzierterer Form gehört diese Tatsache zu den besonders großen Katastrophen des an Katastrophen schon allzu großen Jahrhunderts. Über die Partei, die hier das Ja rückhaltlos verdient, ist nicht zu streiten. Brot ist nötiger als Theologie, Gerechtigkeit nötiger als irgendwelche Theorien der Gerechtigkeit. Dennoch wird weiterhin mit Grund über Gott nachgedacht. Es wäre oberflächlich, dagegen aus noch so lauterer, mitmenschlicher Solidarität ein Nein auszusprechen, und wäre es auch nur ein halbes Nein, das jedes über das Normalmaß hinausgehende Fragen bereits als praktisch irrelevant abtut. Geist oder Brot, Denken oder Tun, Theorie oder Praxis, Aktivität oder Passivität, Äußerlichkeit oder Innerlichkeit, Sinnlichkeit oder Bewußtsein, Wirklichkeit oder Gedanke: Alles dies und noch viel mehr sind keine echten Alternativen. In bestimmten Situationen können sie zwar immer wieder in dieser oder anderer Form hart aufgerissen werden. Die Formulierung solch schiefer Alternativen hat dann sogar seinen lebenswichtigen Sinn, wäre es auch gegen alles Denken und alle Theorie. Es gibt unbestreitbar Situationen, in denen man gedacht haben muß, um fähig für praktische Entscheide zu werden. Daraus jedoch abzuleiten, Denken, Besinnung, sei gleich bloßem Luxus an der Oberfläche des wirklichen Lebens, wäre eine dem Irrationalismus zuneigende Konsequenz. Auch in noch so theologischem Gewand versteckt sich darin unschwer durchschaubar ein unreflektierter Aktivismus, wären seine tieferliegenden Motive auch noch so menschenfreundlich. Dagegen steht die bekannte Sicht: Der Mensch lebt nicht vom Brot und vom Überleben allein, sondern mehr noch von dem, was dem Leben seinen Sinn und die Erfüllung gibt. Leben aber erzielt seinen Sinn weder im nackten Überleben noch gar im reinen Überfluß, im Gegenteil kann es, wie Dorothee Sölle sagt, an zuviel Brot allein sogar zugrunde gehen[29]. Zwischen dem weltweiten Wunsch nach Brot und der scheinbar verspielt luxuriösen Frage nach Sinn in der nördlichen Hemisphäre liegen offensichtlich Kontinente. Die Frage nach Gott, nach Heil und genau darin nach menschlich gerechtem, erfülltem Leben aber kann diesen scheinbaren Graben überbrücken. Denken und Tun, Theorie und Praxis, Reflexion und Aktivität haben ihre gemeinsame Wurzel in der Beziehung auf den Gott, dessen erste und noch immer vordringliche Prädikation zwar, wie erwähnt, ohnmächtige Nichtigkeit und das Kreuz ist, dessen zweite und dritte und weitere Prädikation jedoch Liebe, Leben, Licht und Auferstehung des am Boden Liegenden ist.

---

[29] Die Hinreise, Stuttgart 1975, 7.

Wie es um Sinn und Unsinn des Lebens, damit auch um Sinn und Unsinn von entsprechender Praxis, steht, ist primär Sache der Besinnung. Diese aber reicht, ob sie bewußt ausgeführt wird oder nicht, bis in die letzten und tiefsten Fragen um Sein und Nichtsein hinein. Theologische Besinnung ist keineswegs nur eine bloße, ideologische Aufstockung auf gegebene Zustände, obwohl sie dies in ihrer praktischen Bedeutung immer wieder werden kann und auch geworden ist. Wo immer dies droht, dürfte das primäre Wesen von Besinnung jedoch verfehlt sein. Besinnung ist keine bloße Bewegung eines Denkapparates im Unterschied zur Tätigkeit der Hände, obwohl sie ihren Sitz im Leben vordringlich im Bereich des Denkens von Gedanken hat. Denken wird jedoch erst dort zur wirklichen Besinnung, wo es in der Frage nach dem letzten Sinn von Ja und Nein um die Grundlegung von Verstehensmöglichkeiten und Sehweisen geht. Das Sehen und Verstehen, das Entwerfen von Sinnhorizonten und das Erproben von Sinnperspektiven ist nicht nur eine belanglose Interpretation von Welt, wie Marx in seiner berühmten 11. These gegen Feuerbach sagte, während es dagegen darauf ankomme, die Welt handelnd zu verändern. Vielmehr entscheidet sich in der Besinnung gerade auch erst, wie es um Sinn und Unsinn des verändernden Tuns steht. Besinnung ist keine Belanglosigkeit, sondern der erste Schritt besonnenen Handelns. Besinnung, so abstrakt und praxisfern deren grundlegende Schritte auch sein mögen, ist darum in ihrer Bedeutung konkret. Doch gilt es vor jeder Konkretion, die Relevanz der Grundlegung theologischen Denkens selbst nicht vorschnell zu überspringen. Darin entscheidet sich zwar nicht gerade alles, doch immerhin sehr Wesentliches. Besinnung selbst ist der primäre Handlungsbereich von Theologie vor alledem, was sie darüber hinaus auch noch zu sein hat. Das heißt nicht Flucht vor der Wirklichkeit in einen

inneren Bezirk, indem es darin gerade um Sinn und Unsinn
des Wirklichen und erst Möglichen selbst geht. Dennoch ist
das mögliche Resultat im Bereich der Grundlegung des Denkens höchstens ein Gedanke. Schon Hegel konnte fast lapidar
feststellen: „. . . das Denken der Intelligenz ist Gedanken haben; sie sind als ihr Inhalt und Gegenstand."[30] Damit ist noch
kein Stein ins Rollen und keine sinnvolle Tat in Gang gebracht, wobei die Frage ist, ob gerade dies der hauptsächliche
Sinn der Besinnung, ihr erstes Kriterium sei. Die ethisch-
praktische Relevanz eines Gedankens ist ohne Zweifel ein
vordringlicher Maßstab theologischer Arbeit. Der Sinn ihrer
Gedanken jedoch, mit dem wohl alles steht und fällt, ist die
Vergegenwärtigung Gottes selbst.

Der Entscheid über den Sinn von Ja und Nein geschieht so
im Bereich des Gedankens des Einen und des Anderen. Dieses Andere, so wurde in Variationen schon mehrfach gesagt,
fügt sich nicht ins Gefüge der Metaphysik. Es wird sogar als
der Unfug schlechthin negiert und verworfen, oder, was
letztlich aufs Selbe herauskommt, auf verschiedene Weise ins
Eine einvernahmt. Als völlig eigenständige Macht und Wirklichkeit im Gegensatz und Gegenüber zum Einen wird es jedoch nicht gedacht und nicht geduldet. Das Eine ist alles und
gibt den letzten und zureichenden Grund für alles. Das Andere „ist" nicht im Sinn des nicht Geltenlassens. Ein Grundloses, völlig Unbegründetes, Abgründiges neben und außer
dem Einen ist das schlicht Undenkbare. Eben darum aber ist
dieses ganz Andere die beständige Gefahr. Es gefährdet den in
sich spielenden Begründungszusammenhang. Es sprengt die
Einheitlichkeit und Ganzheit eines in und durch sich gefügten
Sinngefüges. Als das schlechthin Grundlose kann es nicht
mehr in ein in sich kreisendes Gefüge eingeholt werden. Es ist

---

[30] Enzyklopädie der philosophischen Wissenschaften, Hamburg
1959[6], 378.

das Beunruhigende, die stille Unruhe, einer jeden in sich geschlossenen und durch sich selbst gefügten Welt, ob in Gedanken oder Wirklichkeit.

Nebenbei bedeutet dies auch, daß Theologie niemals „systematische“ Theologie im strengen Sinn des Wortes sein
kann. Die Forderung des Systems als Gefüge des Denkens
gehört wesenhaft zum neuzeitlichen Denken. Das System beruht auf einem letzten Grundgedanken, der alles trägt, auf einem tiefsten Prinzip, auf dem „absoluten und unerschütterli-
chen Grund der Wahrheit“ – dem fundamentum absolutum
et inconcussum veritatis – wie dies bereits Descartes formu-
lierte. Von diesem Grund her und auf diesen Grund hin ist alles zu denken im Sinn eines in sich zusammenhängenden Be-
gründungszusammenhangs. Die Forderung des Systems zielt
so primär auf eine durchgehende Begründung des Denkens in
einem Grund[31]. Das System des Wissens bringt alles unter die
Obhut eines Einzigen, alles Tragenden. Das Viele ist Eines,
das Eine spielt im All. Das System erträgt nichts außerhalb
und über sich. Selbst Gott gehört als Grund und Prinzip vornehmlich ins System.

Theologische Besinnung setzt demgegenüber damit ein,
daß sie diese Forderung von Anfang an außer Kraft gesetzt
weiß. Die Realität, von der her und auf die hin sie denkt, ist
gemessen daran das schlicht Ungefügige. Im Hinblick darauf
erscheint der oftmals titanische Wille zum einen System
höchstens als ein Versuch des groß aufgebauten Selbstschut-
zes. Das System schützt gegen das Unbegründete, Ungewisse, Unbestimmte, indem es dieses entweder radikal negiert
oder in irgendeiner Form hereinholt in einen Zusammen-

---

[31] Diese wenigen Hinweise gehören in den Sachbereich dessen,
was *Heidegger* in seiner Vorlesung „Schellings Abhandlung über das
Wesen der menschlichen Freiheit (1809)“ behandelte, Tübingen
1971.

hang, in welchem es alle Schrecken des bloß Abgründigen verlieren soll. Die Wahrnehmung und Bejahung des ganz Anderen bedeutet dagegen, daß jeder in sich spielende Begründungszusammenhang, ob als geordneter Kosmos, als Stufenbau oder neuzeitlich als System gedacht, geöffnet wird auf ein darin noch nicht Gedachtes hin. Sämtliche Zufälle der Welt, die sich nie so recht ins System bringen ließen, an denen jede religiöse „Kontingenzbewältigung" (Niklas Luhmann) zwar ihren Stoff, doch immer auch wieder ihr Scheitern findet, sind ein Verweis auf das Andere als den einen Urzufall selbst, der sich schlicht nicht mehr „bewältigen" läßt. Zahlreiche Phänomene des Einmaligen, Rätselhaften, nicht Begründbaren, Wunderbaren, Spontanen usw. werden zum Hinweis auf dieses Ungedachte selbst. Das Andere ist das schlechthin Kontingente, nicht Ableitbare und nicht mehr Begründbare. Als dieses ist es der Gegensatz und ein reines Nein gegen jeden Versuch, die Welt in sich – denkend oder handelnd – zu verschließen. Dem Willen zum System widersteht so nicht nur die Erfahrung bloßer Zufälligkeiten. Darüber hinaus wären zahlreiche andere Erfahrungsbereiche einzeln zu nennen und auf das Andere hin transparent zu machen, auch wenn sie für sich allein genommen noch immer wieder ins Eine zurückgenommen werden können. Auch die menschliche Erfahrung radikaler Freiheit genügt an sich noch nicht, indem auch sie, wie bereits Schelling in seiner Freiheitsabhandlung zeigte, noch aus dem Einen heraus gedacht werden kann, wenn auch nur mit spekulativer Mühe. Nicht einmal die Erfahrung des grundlosen Leidens, auf die der Protest-Atheismus insistierte, reicht hin, diesen Willen zum System endgültig in Frage zu stellen, wie gerade ein Blick auf heutige, metaphysisch geprägte Theologie zeigt. Sogar die beredte Erfahrung des reinen Nichts, von der Heideggers anfängliches Denken zeugte, kann unter Umständen wieder zurückgeholt werden in ein reines Denken des Seins selbst, wie sein späterer Weg sichtbar macht. All diese wichtigen und sogar elementaren Erfahrungen des Grundlosen aufnehmend und übersteigend, setzt wohl erst die Erfahrung des ganz Anderen selbst diesen Willen wirklich außer Kurs. All diese gedanklichen Probleme herkömmlicher Metaphysik lassen sich vielleicht mit mehr oder weniger Schwierigkeiten noch zurückholen in den Gedanken des Alleinen. Der Gedanke des ganz Anderen selbst aber sprengt diesen per definitionem und von Anfang an.

Die intensive Übersteigerung herkömmlicher, negativer Theologie im vorliegenden Rahmen könnte den Verdacht erwecken, als werde mit dieser deutlichen Betonung des Nein das Denken einem besonderen Irrationalismus, ja Antirationalismus ausgeliefert, der, wenn nicht im bloßen Schweigen, so doch im chaotischen Reden enden müsse. Diese Gefahr kann nicht unterschätzt werden. Sofern es bei bloßen Paradoxien als Grenzsignalen und bei rein abweisenden Negationen bliebe, wäre der Vorwurf sogar mit nicht wenig Recht am Platz. Dieser Gefahr kann jedoch nicht mit einem bloßen Pochen auf Ordnung und Rationalität begegnet werden. Das Postulat der Ordnung um der Ordnung des Denkens willen würde nur unschwer sichtbar einmal mehr in sehr äußerlicher Form das Postulat des Systems wiederholen. Gemessen daran hätte zum Beispiel die Sprache eines Gedichts oder eines Gebets die größere „Rationalität", gerade indem es sich darin wohl um keine in sich durchdachte und begründete Sprachlogik handelt. Dennoch, um im Beispiel zu bleiben, kann auch eine derart systemlose Sprache ein eigenes, inneres Gefüge haben. Es braucht nicht einmal deutlich herausgehoben zu werden, um doch alles zusammenzuhalten und allem eine innere Richtung und seinen Sinn zu geben. Äußere Ordnung und innere Gefügtheit, strukturelle

Rationalität und innere Sinnhaftigkeit sind zwei verschiedene Dinge.

Mit Vorsicht kann dieser Gesichtspunkt auch auf das Denken eines Gedankens übertragen werden. Die äußerlich geordnete Form der Darstellung garantiert noch nicht die innere Gefügtheit. Immerhin erlaubt die hier gewählte, provisorische Form der Präsentation in Thesen mit knappen Erläuterungen zumindest einige eher dichtgehaltene Hinweise in der Richtung, die weiter zu verfolgen ist. Die innere Form des Gedankens des Einen und des Anderen unterliegt jedoch völlig anderen als nur didaktischen Gesichtspunkten. Anstatt alles im lichtlosen Durcheinander untergehen zu lassen, ist darum deutlich der Gefügecharakter nochmals herauszustreichen. Der Gedanke des ganz Anderen fügt sich ein ins Gefüge des Einen und des Anderen. Dieses Ineinanderverfügtsein wurde bereits (These 3) bestimmt als gegenseitige Insistenz und Existenz. Das Andere insistiert im Einen, wo immer das Eine sich ihm öffnet. Das Äußere wird zum Innersten, wo immer das Eine, sich selbst auseinandersetzend, ins Andere hinaussteht. Wesen und Sinn der Existenz des Einen ist die Insistenz des Anderen. Eben darin ist das Andere das Ja, das Tragende und Erfüllende dieser Offenheit. Gefüge ist das Ineinanderverfügtsein von Gott und Welt.

Der Mensch steht existierend in diesem Gefüge. Die Frage ist, wie er als Einzelner und als Gesellschaft sich, sich selbst mit allem und jeglichem auseinandersetzend, darin einfügt und eben darin mittut an der Eröffnung dieser Offenheit des Einen für das Andere. In besonderer Weise gilt dies jedoch auch für das Denken des Menschen. Gerade auch denkend kann der Mensch die Verschlossenheit gegenüber dem Andern betreiben, um sich und seinen Bestand dagegen abzusichern. Besinnung aber kann auch zum Ort der Öffnung und Befreiung werden. Die innere Fügung ihrer Gedanken ist durch die Insistenz des Andern im Denken geformt. Denken wird als Besinnung zum besonderen Ort der Bejahung des ganz Anderen, weil es sich durch das Andere bejaht, erfaßt, angesprochen, ermöglicht, getragen und erfüllt erfährt. Bildhaft gesagt, ohne das anwesende Licht der Sonne wäre jedes Auge blind. Ohne das Anwesen Gottes im Denken wäre jeder Gedanke der Theologie überflüssig. Besinnung wird zur Befähigung des Denkens, das Ungedachte im Sinn und Gedanken zu haben.

Der Weg von solchen grundlegenden Bestimmungen zu den praktischen Konkretionen scheint weit. Dennoch sollte immerhin sichtbar sein, daß mit diesen wenigen, andeutenden Formeln das besondere Sein, das Denken und Verhalten des Menschen in einen bestimmten Sinnhorizont versetzt ist, von dem her es seinen Sinn empfängt. Sinnziel ist gerade nicht mehr die Geborgenheit im Einen, sondern die Gegenwart des Anderen. Das primäre Motiv von Denken und Tun entspricht nicht einem Ja zur Geborgenheit im Einen, sondern im Gegenteil der Bejahung der Ungeborgenheit im Sog des Anderen. Glaube, ein sich auf Gott Einlassen, hat zumindest gemäß einer genuin christlichen Überlieferung nichts, aber auch wirklich nichts mit jenem viel gerühmten, theologisch oft reklamierten, halb religiösen, halb psychologischen, vor allem aber metaphysischen „Urvertrauen" auf das Sein und den letzten, alles in sich bergenden Seinsgrund zu tun. Sich dem ganz Anderen zu überlassen, die Gelassenheit des Glaubens, bedeutet im Gegenteil, gerade auch auf diese höchste, edelste und würdigste Form menschlichen Seinsvertrauens zu verzichten. Es dürfte auch in dieser nicht zu verachtenden, unter Umständen sogar lebenswichtigen Grundhaltung jedoch unter der religiösen und oft nur verdeckt religiösen Maske vor allem der Wille zum Selbstschutz treibend sein. Glaube dagegen heißt, sofern man etwa paulinischer

Tradition und gewiß nicht nur ihr folgt, Verzicht auf jeden
Selbstschutz im direkten Einspruch Gottes. Negativ und da-
mit von der Erfahrung des Urvertrauens her gesehen bedeu-
tet dies Ungeborgenheit, Ungewißheit, Unbestimmtheit,
Unsicherheit. Gerade darin steckt jedoch die Chance eines
Positivums, die Chance wirklicher Freiheit und Offenheit.

Wenn es sehr viel leichter fällt, das Wesen dieses Positivums negativ anzudeuten als konkret zu füllen, so hängt dies
auch mit der noch sehr mangelhaften Erfahrung im Umgang
mit wahrer Freiheit zusammen. Dieser Charakter des Glaubens, dieses Risiko eines völlig grundlosen Vertrauens,
braucht darum sachnotwendig den Rückgriff auf jene alten,
ersten christlichen Zeugnisse. Sie zeugen im Umgang mit Jesus von Nazareth von einer für sie einmaligen und punktuel-
len, doch unauslöschlichen und alles verändernden Erfahrung einer Freiheit, hinter der auch ihre eigenen, späteren Erfahrungen weit zurückblieben. Diese sehr reale Erfahrung
blieb auch für sie das bloße Versprechen einer möglichen, befreiten Lebenswelt, die erst in spe, noch nicht in re gegeben
war. Rund zweitausend Jahre danach kann man im Rückblick
auf jene hoffende Naherwartung eines kommenden Reiches
der ersten Christengemeinden lakonisch feststellen, daß wir
damit kaum weiter sind. Jeder christliche Fortschrittsopti-
mismus irgendwelcher Prägung müßte daher endgültig enttäuscht sein. Der Blick auf die sehr real existierenden Leiden
der Zeit zeigt deutlich genug, daß Hoffnung weitgehend
noch immer die einzige Realität des Glaubens ist, daß der
Rückblick auf die real gemachten Erfahrungen mit dem Menschen Jesus noch immer das wichtigste Unterpfand der realen
Möglichkeit von Gottes Gegenwart darstellt, daß im Gefolge
Jesu von Nazareth real gelungene Zeichen der Liebe nicht
weniger einmalige, punktuelle Erscheinungen sind. Sofern
man den Blick einseitig auf den menschlichen Aspekt des

Glaubens, der Liebe und vor allem der Hoffnung richtet, ist ein zweischneidiger, kaum auf Optimismus gestimmter Unterton gar nicht zu vermeiden. Alles Beschwören des Glaubens um des Vertrauens willen, jedes Hohelied gelungener Liebe, ein Einheizen der Hoffnung um der Hoffnung willen könnte kaum darüber hinwegtäuschen, daß es auf dieser Seite noch immer wirklich nicht allzuviel an Erfolgen zu rühmen gibt. Erfolglosigkeit ist kein bedauerlicher Nebenaspekt des Christentums. Sie gehört zu seinem Begriff, was schon Kierkegaard auf seine Art unmißverständlich zum Ausdruck gebracht hatte. Das Kreuz überragt noch immer alles, was es in dieser Hinsicht zu sagen, positiv herauszustreichen und zu rühmen gäbe.

Garant des Glaubens ist nicht der Glaube, sondern einzig das Geglaubte, der Grund zur Liebe und zur Hoffnung das Geliebte und Erhoffte: daß Gott „ist". Dieser andere Pol bildet das innere Schwergewicht auch der Besinnung und der praktischen Bewährung. Besinnung ohne Tun ist tatenlos, Tat ohne Besinnung ist besinnungslos. Dies wurde bereits betont. In der Besinnung gehen im Einzelnen und Ganzen die bedeutsamen Sinnhorizonte auf. In der Tat bewährt sich Besinnung erst. Tun ist die Bewährung der Wahrnehmung der Besinnung. Beides jedoch lebt aus dem Bezug zum ganz Anderen. Denken und Tun ist ein Vergegenwärtigen des Anderen mitten im Einen als Glaube, Liebe, Hoffnung, wie dies Paulus knapp konkretisierte. Wo diese drei entstehen, und wäre es auch nur in noch so brüchigen Ansätzen, da „ist" Gott als deren inneres Wesen. Wo Dunkelheit, Verzweiflung, Lieb- und Leblosigkeit und Tod ist, da „ist" Gott das Ausgeschlossene. In der Überwältigung durch die Tendenz zum in sich verschlossenen Einen fragt der Platzhalter Gottes jene Frage, die ohne Antwort bleibt: „Mein Gott, mein Gott, warum hast du mich verlassen?"

Besinnung und Besonnenheit bedeuten derart Widerstand. Beide widerstehen der immer latenten Tendenz zum in sich spielenden Einen. Jacob Burckhardt hat einmal „Macht an sich" böse genannt. Sofern Macht an sich die massierte Tendenz zur Einheit, Geschlossenheit und Ganzheit, zur sich rücksichtslos durchsetzenden Herrschaft um ihrer selbst willen wird, bedeutet Besinnung und Besonnenheit in zahllosen Konkretionen den widerstehenden Gegensatz dazu. Die bloße Tendenz zum Einen ist der Wille zum Dichten, Verschlossenen, Stickigen, Dämonischen, damit Unfreien und Unmenschlichen, in welchem die Alternative des ganz Anderen einmalig und immer wieder neu ersticken muß. Das Kreuz Jesu steht ein für alle Mal als Signal dieser bleibenden Gefahr.

Dennoch ist gerade der Verweis auf das Kreuz nicht das letzte Wort. Eine Kontinuität darüber hinaus würde jedoch wiederum auf menschlicher Seite vergeblich gesucht werden. Über alle Verneinungen und Zusammenbrüche der Gegentendenz zum ganz Anderen hinaus bleibt beharrlich das ganz Andere selbst in seiner radikalen Eigenständigkeit gegenüber dem Einen. Die Chance der Vergegenwärtigung Gottes eröffnet sich von Gott her immer wieder unableitbar neu und anders. Besinnung und ihre Bewährung lebt aus diesem immer wieder anders erfahrbaren, wiederholbaren Ansinnen des Anderen mitten im Einen. Das gibt ihrem Wesen den scharfen Stachel des Widerstandes und des Trotzes. Ihr Vertrauen lebt auf jeden Fall nur trotz allen erfahrbaren Hoffnungslosigkeiten. Der beharrliche Glaube an die Chance von Liebe und Gerechtigkeit besteht erst recht nicht wegen, sondern eher trotz realen Erfahrungen der Weltgeschichte im Einzelnen und großen Maß. Reale Erfahrungen des wirklichen Gelingens sind über die augenblickliche Freude hinaus jedoch das Zeichen, daß Besinnung nicht einer bloßen Illu-

sion nachhängt, sondern die Realmöglichkeit der Gegenwart
des Anderen im Sinn hat. Diese Möglichkeit, wo sie in greif-
bare Nähe kommt, bricht im Gegenteil die Grenzen erfahrba-
rer Wirklichkeit auf und eröffnet neue Horizonte. Diese
Möglichkeit bekommt Priorität vor aller Wirklichkeit, indem sie sich in keiner Art und Weise aus dem Wirklichen ableiten läßt. Die Möglichkeit eines neuen Lebenshorizontes
jenseits der letzten, harten Schranken des Tödlichen ist aus
dem Einen nicht begründbar. In Gott liegt die Kontinuität
zwischen Kreuz und Auferstehung. Das aber heißt, sie liegt
radikal außer, über und jenseits des Bereichs des Einen in allen seinen Aspekten[32]. Die Insistenz des Anderen kommt
dort noch nicht an ihr definitives Ende, wo Existenz an end-
gültige Schranken stößt. Das Kreuz ist das nachhaltige Zeichen, daß Gottes Gegenwart Verwerfung und Vernichtung
erleiden kann. Seine stille, unerreichte Eigenständigkeit außer und über allem, was Eines heißt, ist jedoch so fern allem
Zugriff, daß er höchstens negierbar, aber nicht besiegbar ist.
Keine noch so massierte Tendenz zum Einen widerlegt das
grundlegende Ja dieses Anderen. Seine „Leidenschaft" – um
eine Metapher zu gebrauchen – für das Eine ist so beharrlich
insistent und resistent, daß es auch eine realpräsente Gottesfinsternis überdauert und noch viel mehr von sich her im Innersten aufbricht. Gott ohne Welt wäre weltlos. Welt ohne
Gott wäre gottlos. Das Gefüge des ganz Anderen im Einen

---

[32] Es ist Ernst Bloch, der die metaphysisch herkömmliche Priorität des Wirklichen vor dem Möglichen unmißverständlich herausgestrichen und kritisiert hat. Hingegen kannte auch Bloch selbst nur
Möglichkeiten, die im Kern der Materie drängen. Eine Möglichkeit
außerhalb und jenseits des Einen wäre auch ihm undenkbar gewesen.
Genau diese Möglichkeit eines Einbrechens von außen her, die Insistenz des ganz Anderen, unterscheidet den vorliegenden, theologischen Gedanken wohl besonders von Blochs Philosophie der Hoffnung.

und des Einen im Anderen fügt sich völlig spontan immer
wieder neu und anders.

These 6. Gott: das Wahre in der Wahrheit

Jede dieser Thesen mitsamt den nicht weniger thetischen
Erläuterungen kreist um ein einziges Zentrum des ganzen
Fragebereichs. Den inneren Orientierungspunkt bildet der
Gedanke Gottes als des ganz Anderen. Dieser Leitgedanke
macht nun keinesfalls eine Art starre Position aus, die selbst
nicht mehr in Frage gestellt werden müßte. Das Beleuchten
verschiedener, einzelner Problemgebiete von diesem Orientierungspunkt her wirft sein Licht immer auch wieder zurück
auf den Ausgangspunkt des Richtstrahls selbst. Das Begehen,
an einzelnen Punkten vielleicht sogar das feste Abstecken dieser Felder, verweist immer auch fragend zurück auf den Aus-
gangsort. Anstatt der Fraglichkeit entzogen zu sein, partizipiert er im Gegenteil an der Fraglichkeit des Unterschieds
von Sein und Nichts, des Einen und des Anderen selbst.
Denken setzt Fragen voraus und ist und bleibt in diesem Element. Die Betroffenheit durch die Fraglichkeit geht jedem
Denken voraus. Denken lebt von der Wahrnehmung dieser
Fraglichkeit, die es fragend in sich aufnimmt. Häufig und mit
Grund nennt man dies, wie gezeigt, die Sinnfrage. Jeder bestimmte Gedanke schwebt im Bereich der Frage. Allerhöch-
stens gelingt es, im Bereich der Fraglichkeit gegenüber dem
Ungedachten nicht völlig sprach- und gedankenlos zu sein.
Die vertrauenswürdige Bestimmtheit eines Gedankens resul-
tiert somit nicht aus einer klar umrissenen, alles Fragen erle-
digenden Position. Bestimmtheit stellt sich schrittweise dadurch ein, daß man die Spur der selben Fragen viele Male hin
und hergeht: von der Erfahrung der Fraglichkeit zum Leitgedanken, vom Leitgedanken wieder zurück zur anfänglichen

Wahrnehmung. Die Verifikation eines Gedankens und seiner Entfaltung verdankt sich in erster und letzter Instanz wohl diesem Bezug. Hier muß sich eine besondere Übereinstimmung zwischen Denken und Ungedachtem einstellen, eine adaequatio rei et intellectus eigener Art.

Mit diesen sehr allgemeinen Formeln wird das spezifische Wesen der theologischen Wahrheitsfrage angedeutet. Denken Gottes verdankt sich Gott. Hier geht es um innerste Nähe. Zwischen diesen beiden Polen aber klafft ein Abgrund der Fraglichkeit, der nur fragend ausgeleuchtet und durchgehalten werden kann. Der Fraglichkeit und dem darin erfahrenen Geheimnis Gottes entspricht die fragende und darin offene Haltung des Menschen und vor allem auch seines Denkens. Jedes objektive Wissenwollen und jedes subjektive Gewißseinwollen verbaut hier mehr, als daß es Denken auf die Spur der Sache kommen läßt. Die Fraglichkeit und ungedachte Geheimnishaftigkeit Gottes geht jedem Fragen, aber erst recht jedem Denken voraus. Ein mögliches, wenn auch äußerliches und daher sekundäres oder tertiäres, aber dennoch schlüssiges Kriterium der inneren Nähe des Denkens zu dieser Sache ist darum unter anderem auch, ob sich darin etwas von der Geheimnishaftigkeit Gottes widerspiegelt. Ein Denken Gottes, das sich in dieser Richtung immun zeigte, käme wohl einem bloßen Geklapper von Standardgeräuschen gleich. Das innere Kriterium theologischer Wahrheit jedoch liegt noch anderswo.

Der Konsens von Fachleuten eines Problembereichs garantiert Anerkennung, aber noch nicht Wahrheit. Die Brauchbarkeit eines Gedankens in und für eine Praxis beweist seine Praktikabilität und Operationalität, doch noch nicht seine Wahrheit. Das Durchsetzungsvermögen eines Gedankens in einer Zeit zeugt für dessen Zeitgemäßheit und geistige Macht; Macht und Wahrheit aber sind nicht dasselbe. Die

Übereinstimmung mit den gedachten Gedanken einer Tradition beweist den Willen zur Kontinuität, aber noch nicht
Wahrheit, schon gar nicht in umbrechenden Zeiten. Der ge-
treue Reflex unmittelbarer Wirklichkeitserfahrung im Gedanken wiederholt und bestätigt höchstens diese erfahrene
Wirklichkeit, aber noch nicht die Wahrheit selbst. Die Liste
bekannter und möglicher, an ihrem Ort sogar wichtiger Kriterien der Wahrheit ließe sich weiter verlängern. Dazu gehört
für theologisches Denken an zentraler Stelle etwa auch das
Kriterium der Biblizität oder der Glaubwürdigkeit und
Wahrhaftigkeit, insbesondere jedoch die Aufdeckung der
christologischen Struktur des Wahrheitsverständnisses.
Doch, so scheint es, reichen alle diese Kriterien noch nicht in
den innersten Bereich hinein, der durch die Frage nach der
Denkbarkeit Gottes erreicht wird. Wenn das Kriterium der
Nähe von Denken und Ungedachtem vorangestellt wird,
heißt dies somit nicht, daß andere Maßstäbe beiseitegeworfen
würden. Eine einseitige Auswahl in diesem Bereich müßte
höchstens zur Exzentrik führen. Vielmehr ließe sich mit einigem Recht eine eigentliche Hierarchie der Kriterien konstruieren, die nach bestimmten, in ihrer Ordnung ihrerseits zu
überdenkenden Gesichtspunkten Kriterien erster, zweiter
und weiterer Position unterscheidet. Theozentrisch ausgerichtete Theologie untersteht dabei sachnotwendig an erster
Stelle der kritischen Frage nach dem Verhältnis von Denken
und Gott, das heißt nach der Möglichkeit denkender Wahrnehmung Gottes.

Praktische Bewährung setzt Besinnung voraus. Dies
wurde bereits festgehalten. Besinnung jedoch beruht auf
Wahrnehmung, wenn sie nicht zur bloßen Fiktion geraten
soll. Damit ist einmal die beständige, äußere Wahrnehmung
des sinnlich-gegenständlich Gegebenen gemeint. Ineins damit geht es jedoch um die innere Wahrnehmung, indem sich

darin ein bestimmter Sinnhorizont erschließt, innerhalb dessen alles einzelne, äußere Wahrnehmen und Verhalten erst seinen besonderen Sinn erhält. Am alltäglichen Beispiel des Tisches erläutert: Daß die Größe, Farbe und Widerständigkeit des Schreibtisches sinnlich konkret wahrnehmbar ist, sagt schon einiges über diesen Gegenstand aus; daß darauf im Augenblick eine Studie zur Gottesfrage entstehen soll, versetzt die sinnliche Erfahrung in einen bestimmten Sinnhorizont. Die bloße Beobachtung einer sinnlichen Gegebenheit ohne Rücksicht auf den sie leitenden Sinnhorizont würde bei aller phänomenalen Dingnähe abstrakt bleiben. Besinnung bewegt sich im Bereich der inneren Wahrnehmung. Schelling hatte wohl diesen Bereich im Auge, als er von der „intellektuellen Anschauung" sprach, innerhalb deren sich ein Erkennen Gottes und des Alls bewegen müsse[33]. Es ist dies in vorläufiger Bestimmung jenes zumeist verschüttete und doch immer wieder aufbrechende Vermögen des Menschen, jenseits aller einzelnen, äußeren und inneren Erfahrungen von der Frage nach dem Sinn dieser Erfahrung überhaupt betroffen zu werden. Darin werden die scheinbar selbstverständlich gegebenen Bahnen und Horizonte selbst fraglich, innerhalb deren sich jede bisherige, konkrete Erfahrung des Tuns und Denkens abgespielt hat.

Es kann dieses Vermögen auch die Fähigkeit genannt werden, von der Frage nach der Wahrheit betroffen zu werden.

---

[33] „Wir setzen vorerst überall nichts voraus als das Eine, ohne welches alles Folgende unbegriffen bleiben muß, die intellektuelle Anschauung." Werke IV, 19. „Die intellektuelle Anschauung ist das Organ alles transzendentalen Denkens. ... Ohne diese Anschauung hat das Philosophieren selbst kein Substrat, was das Denken trüge und unterstütze; jene Anschauung ist es, was im transzendentalen Denken an die Stelle der objektiven Welt tritt und gleichsam den Flug der Spekulation trägt." System des transzendentalen Idealismus, Hamburg 1957, 37.

Innere Wahrnehmung ist die Wahrnehmung seiner selbst in der Fraglichkeit dessen, was Wahrheit heißt. Innere Wahrnehmung ist die immer wieder anders sich vollziehende Entdeckung seiner selbst als eines Wesens, dem das, was Sinn und Wahrheit heißt, nicht einfach gegeben ist. Innere Wahrnehmung ist primär die Betroffenheit durch die Fraglichkeit des Sinns des sinnlich Erfahrenen und als solche der Ursprung der Pilatusfrage: Was ist Wahrheit? Innere Wahrnehmung wird geweckt und in Gang gehalten durch die Erschütterung der radikalen Fraglichkeit. Besinnung bewegt sich unter dem Eindruck dieser Erschütterung auf der Spur der Frage nach dem Sinn von Sein und Nichtsein. Der Motor der Besinnung liegt somit nicht in ihr selbst, sondern kommt an sie heran als ein Abgrund der Fraglichkeit. Die Frage aber bleibt, inwiefern ihr Fragen und im Weiteren ihr Denken dieser andringenden Erfahrung der Fraglichkeit entspricht.

Selbstverständlich wäre hier genauer nach den besonderen Umständen dieser inneren Erfahrung zu fragen. Handelt es sich um seltene Ausnahme- und sogar Krisensituationen, in denen die Fraglichkeit aufbricht, oder schlummert die Erschütterung auch unter der Oberfläche alltäglicher Erfahrungen, um sie jederzeit durchbrechen zu können mit zahlreichen, nicht weniger alltäglichen Signalen aus der Tiefe? Handelt es sich um Grenzerfahrungen des totalen Unsinns und Schmerzes oder um Erfahrungen des betroffenen Staunens und Glücks? Ist diese Erfahrung nur selten und damit Wenigen gegeben oder ist sie gleichsam als erstes, zweifelhaftes Geschenk des Lebens im Urschrei der Geburt jedem Einzelnen mitgegeben, womit der ganze Rest des Lebens zum nicht weniger zweifelhaften Versuch würde, sich von der Geburt zu erholen? Inwiefern handelt es sich in aller Unbestimmtheit bereits um eine sehr bestimmte Erfahrung Gottes?

Die Wichtigkeit der Konkretion dieser Umstände steht außer Zweifel[34]. Sie soll hier vernachlässigt werden zugunsten eines einzigen Hinweises. Ohne Pathos wird man behaupten dürfen, daß am Anfang von Heideggers Denken eine solche Erschütterung stand. Sein ganzer weiterer Denkweg stellt sich rückblickend dar als Versuch, sich mit dem Erschütternden auseinanderzusetzen. Das Erschütternde seines Denkens verbirgt sich in den Stichworten Denken-Sein-Nichts. Insofern sich heutige Theologie im selben Fragebereich bewegt, hat sie wohl guten Grund, diesen Denkweg nicht achtlos und aus eher vordergründigen, wenn zum Teil auch verständlichen Zweifeln der Vergangenheit zu überlassen.

Auf Grund dieser Erschütterung entdeckte Heidegger unter anderem, daß die Frage nach dem „Wesen der Wahrheit" als Frage neu gestellt werden muß. Das überlieferte Verständnis von Wahrheit kommt dem Wahren in der Wahrheit nicht nahe, sondern verstellt im Gegenteil den Zugang dazu. Die Bestimmung von Wahrheit als „Übereinstimmung" von Denken und Gedachtem, von Subjekt und Objekt, verschüttet die eigentliche Frage. Bevor eine solche Übereinstimmung denkbar ist, muß das offene „Zwischen" zwischen Denken und Gedachtem wahrgenommen werden. In diesem offenen Bereich, der jeder möglichen Übereinstimmung vorangeht, verbirgt sich die eigentliche Frage nach der Wahrheit. Was jedoch „ist" mit diesem Bereich des Offenen? „Ist" er oder ist er vielmehr „nicht"? Gemessen am Seienden, sei es Ich, sei es gegenständliches Ding, ist er soviel wie Nichts. Und doch ist er das allem Seienden und jedem Denken Vorangehende und eine Übereinstimmung von Denken und Gedachtem überhaupt erst Ermöglichende.

Auf Grund dieser Erschütterung entdeckte Heidegger un-

---

[34] Vgl. dazu die Liste von acht verschiedenen Möglichkeiten, die *Wilhelm Weischedel* als konkrete Erfahrungen der Fraglichkeit aufzählt in: Der Gott der Philosophen II, Darmstadt 1972, 189–193.

ter anderem weiter, daß jedes metaphysische Vorstellen der
Wahrheit als „Grund" von Gewißheit der eigentlichen
Wahrheitsfrage nicht angemessen sein kann. Wahrheit ist
nicht das metaphysisch gedachte Eine als Grund seiner selbst.
Dieses scheinbar selbstverständliche Vorverständnis verstellt
nur die eigentliche Frage nach dem Wahren selbst.

Trotz der seltenen Klarheit und Eindringlichkeit seines
Fragens und im Hinblick auf die völlig eigenständige, radikale Infragestellung und Aneignung der Überlieferung be-
wältigte auch Heidegger diese Erschütterung im Kern auf
vorgelegten Bahnen. Das Erschütternde wurde auch von ihm
endlich als das zudenkende Eine identifiziert. Das anfänglich
erschütternde, die Seinsfrage ganz und gar bestimmende
„Nichts" wurde zunehmend mehr verwandelt, bis es sich ins
reine, geheimnisvolle Licht des späteren Seinsdenkens auflö-
ste[35]. Die anfängliche Betroffenheit durch die Erfahrung des
„Nichts" führte zwar zur ausdrücklichen Frage: „Wie steht es
um das Nichts?", „Was ist das Nichts?"[36]. Gemessen an
überlieferter Ontologie war diese Ausgangsfrage als Frage
nach dem Sein, gelinde gesagt, völlig ungewöhnlich. Die von
Anfang an bestimmende Leitung durch die Seinsfrage ver-
wandelte diesen Ausgangspunkt jedoch bis hin zu jenen Aussagen, wo Nichts und Sein in nächste Nähe rücken. Die Frage
nach dem „Nichts" wurde zwar explizit gestellt, aber nicht
als Frage nach dessen eigenständigem Wesen durchgetragen.
Daß in der Erfahrung radikaler Fraglichkeit nicht nur die
Wurzel der Frage nach dem Einen, sondern nicht weniger der
Ursprung der Frage nach dem ganz Anderen des „Nichts"
liegen könnte, liegt jenseits dieses noch immer in seiner Art
einmaligen Denkweges.

---

[35] Diese Vereinfachungen ersetzen auf keinen Fall die Einzelanaly-
sen; s. dazu: Gott. Nochmals Martin Heidegger, vor allem 319–429.

[36] Was ist Metaphysik?, 27.

Von daher läßt sich sagen, daß in der Erschütterung durch die Fraglichkeit gerade das ganz Andere das eigentlich Erschütternde und Überwältigende ist. Es ist damit jedoch zugleich das Unbewältigte, indem es sich seinem eigenständigen Wesen gemäß auch nie bewältigen läßt. Davor versagt jedes bewältigende, begründende Denken überlieferter Metaphysik allerspätestens. Mehr noch, der Aufbau eines begründenden Denkens unter dem Eindruck dieser Erschütterung muß als Versuch verstanden werden, sich gegen diesen Abgrund der Fraglichkeit abzusichern und alles möglichst wieder auf einen festen Grund und Boden zurück zu bringen. Umgekehrt gilt in dieser Hinsicht dann jedoch auch, daß Metaphysik gerade in der Verwerfung dessen, was sie „Nichts" nennt, ohne es zu denken und eigens zu befragen, dieser Überwältigung die eigene, beständige innere Unruhe verdankt, die ihr Denken immer neu und anders in Bewegung hält. Die Geschichte der Metaphysik wäre demnach eins nicht nur in der wiederholten Verwerfung des ganz Anderen, sondern noch viel mehr in der immer neuen Beunruhigung dadurch. Die innere, schattenhafte Wahrnehmung des Anderen bildet die innerste Unruhe von Metaphysik. Das ganz Andere steht auch am Anfang eines Denkens, das sich seine eigenen Götter und Sicherheiten schafft.

Selbstverständlich ist mit diesen Bemerkungen gerade zu Heidegger, der die Fraglichkeit und gedankliche Grenzsituation metaphysischen Denkens in besonderer Radikalität wahrnahm, noch nicht das letzte Wort gesprochen[37]. Gerade im Hinblick auf dieses Seinsdenken aber kann nun überspitzt gesagt werden: Das Fragliche in der Fraglichkeit ist nicht das

---

[37] Es scheint sich im Bereich der Philosophie ein neues Interesse an Husserl, dem phänomenologischen Lehrer von Heidegger, abzuzeichnen, das große Beachtung verdient.

Eine, sondern das Andere. Das Wahre in der Wahrheit ist
nicht das Eine, sondern das Andere. Das Offene in der Offenheit des Einen ist nicht das Eine, sondern das Andere. Das
Licht in der Lichtung des Einen, das Erscheinende im Erscheinen des Einen, das Dazwischenstehende im Zwischen ist
nicht das Eine, sondern das Andere.

Weniger verschlüsselt bedeutet dies, daß innere Wahrnehmung mitten in der Auseinandersetzung in und mit der
Welt des Einen ein ganz Anderes wahrnehmen kann. Mitten
in der alltäglichen und auch weniger alltäglichen Beschäftigung mit der gegebenen Welt nimmt innere Wahrnehmung
ein schlicht nicht Gegebenes wahr. In der Arbeit am Einen
kann der Mensch betroffen und überwältigt werden vom
Anderen. Unter diesem Eindruck kann sehr wohl ein rastloses Suchen nach Schutz und Sicherheit, eine Sucht sogar nach
Grund und festem Boden einsetzen. Die Angst vor dem ganz
Anderen kann stärker sein als der Vorgeschmack möglicher
Freiheit. Umgekehrt aber liegt in dieser Erfahrung auch,
wenn auch nicht einfach gleichwertig daneben, die Möglichkeit eines völligen Innehaltens, eines zur Ruhe gekommenen
und doch gespannten Wartens und einer offenen, inneren Bereitschaft für das Andere. Man kann dies notfalls innere Distanz zur Realität nennen. Nicht falsch wäre es, vom inneren
Abstand gegenüber der nächstgelegenen, intensiv bedrän-
genden, oft sogar „klebrigen" (Sartre), vor allem aber mehr
als nur fraglichen Realität zu reden. Darin hat die Gelassenheit, aber auch die Leidenschaft der Besinnung ihren Sitz im
Leben, doch gewiß nicht, um darin liegen zu bleiben. Besinnung, sofern sie in aller Gelassenheit doch ein leidenschaftli-
ches Gepacktsein vom ganz Anderen ist, ist kein meditativer
Realitätsersatz. Besinnung ist innere Verarbeitung der real erfahrenen Auseinandersetzung im Licht und der Wahrheit des
ganz Anderen. Mehr noch, in dieser Gelassenheit entstehen

neue Impulse, Aspekte und Horizonte, die die Realität nicht auf sich beruhen zu lassen.

Im Ansinnen des Anderen schwindet jede Spur der Gewißheit, sei es die Selbstgewißheit des sich selbst wahrnehmenden Ichs, sei es eine Gewißheit der umliegenden Menschen, Dinge, der vertrauten Umwelt und Gesellschaft, sei es gar eine metaphysische Gewißheit des Einen und Absoluten. Sogar eine Gewißheit des Wissens in irgend einer Form muß fallen. Alle gewesenen Götter und Werte stürzen in eine anhaltende Fraglichkeit in der Wahrnehmung Gottes selbst. Das Wesen der Wahrheit ist die Par-ousia, die Gegenwart, und eben darin die Wahrnehmung des Anderen mitten in der erfahrenen Fraglichkeit des Einen. Das Wesen wirklicher Wahrnehmung ist die Vergegenwärtigung des ganz Anderen mitten im Einen.

Christlicher Glaube erinnert sich im Bereich der Wahrheitsfrage orientierend und sachnotwendig an die Gestalt und das Verhalten Jesu. Die ersten Gläubigen Jesu erfuhren in seiner Nähe offensichtlich eine Vergegenwärtigung dieses Gottes, die für sie alles verändernd und alles in neue Perspektiven bringend war. Diese Erfahrung wurde für sie zur Wende schlechthin. Nicht nur das eigene Leben, sondern die Zeit und Geschichte überhaupt begannen sich für sie um diese eine Angel zu drehen. Diese eine, punktuelle, am Rand der großen Geschichte stehende Vergegenwärtigung Gottes wurde für sie zur „Geschichtswende" (Jüngel). Die Parousie Gottes hatte für sie fortan unauslöschlich die Gesichtszüge Jesu an sich. Jesus wurde ihnen zur maßgeblichen Interpretation Gottes. Das Ende am Kreuz widerlegte genau diese Erfahrung nicht, sondern bestätigte nur um so mehr, daß dieser Gott und sein Präsentator noch immer eine Sache der Zukunft sind. Die Osterbotschaft, anstatt von platten Fakten zu reden, zeugt von der Wahrnehmung dieser ganz anderen

Realität, die alle erfahrenen Schranken sprengt. Da ist ein
Gott, der sich nicht einmal im Tod vernichten läßt, eine neu
erfahrene Möglichkeit, die sich durch alle erfahrenen Wirk-
lichkeiten nicht mehr unterdrücken läßt, eine Lebensfreude
und daraus eine Fähigkeit zum Vertrauen, zur Hoffnung, zur
Liebe, die seither immer wieder allen Enttäuschungen zu
trotzen wagte. Zwar brachte die Folgezeit Jesu, nüchtern be-
trachtet, weder den da und dort unruhig erwarteten Weltkol-
laps und noch viel weniger den baldigen Triumph des Reiches Gottes. Statt dessen kam die Kirche, wie seinerzeit schon
Alfred Loisy spitz bemerkte, und mit ihr nicht weniger nach-
haltig die Theologie. Die Wahrheit eines letzten Gerichtsta-
ges kosmischen Ausmaßes ließ auf sich warten. Wahrheit im
Sinne der wiederholten und darin immer neuen Parousie des
ganz Anderen mitten im Einen macht dennoch das geglaubte
Wesen von Kirche und damit auch von Theologie aus, die
sichtbar vorhandene, gegenwärtige Realität beider mag dieses innere Wesen noch so sehr und oft als unglaubwürdig dif-
famieren. Um so mehr Gewicht hat die Frage nach deren inneren Ermöglichung. Die Möglichkeit und Wahrheit des
Denkens theozentrischer Theologie ist das Ungedachte
selbst.

These 7. Gott: das zudenkende Ungedachte

Der von Heidegger geprägte Begriff „das Ungedachte"
verdankt seine Entstehung der Erfahrung einer abgründigen
Fraglichkeit dessen, was mit der meist gedankenlos ge-
brauchten Kopula „ist" und deren Negation „ist nicht" gemeint wird. Den Ausdruck erläuternd kann er etwa durchaus
auch vom „Noch-nicht-Gedachten" sprechen[38]. Insofern

---

[38] „Je größer das Denkwerk eines Denkers ist, das sich keineswegs mit dem Umfang und der Anzahl seiner Schriften deckt, um so

Theologie, der es besonders um ein Bedenken des Satzes „Gott ist" geht, an dieser Fraglichkeit nicht weniger radikal partizipiert, besteht keine Hemmung, diese ausdrucksstarke Bezeichnung zu übernehmen. Theologie denkt das Ungedachte der Metaphysik.

Der Gedanke des Ungedachten verdankt seine sprachliche Prägung wahrscheinlich nicht einer Analogie zum Begriff des Unbewußten bei Sigmund Freud, auch wenn eine Assoziation dem äußerlichen Klang nach kaum zu überhören ist[39]. Das Ungedachte ist gleichsam die unaufgehellte Tiefendimension des Denkens. Der Ausdruck selbst steht an den Grenzen des Denkens und verweist darüber hinaus. Dieses Hinausweisen hat die abweisende Form der Negation. Denken ist nicht eins mit dem zudenkenden Ungedachten. Das Zudenkende geht dem Denken voraus und ist je größer als alles bisher Gedachte. Dennoch wird nicht hart vom „Nicht-Gedachten" oder noch härter vom „Nicht-Denkbaren" gesprochen. Das Ungedachte des Denkens und das Ungesagte des Sagens ist gleichsam die Dimension, von der her und auf die hin Denken und Sprechen je sich bewegen. Da ist keine starre Grenzlinie mit einem klaren Diesseits und Jenseits. Das Ungedachte ragt ins Denken hinein, wie sich Denken umgekehrt ins Ungedachte hinauswagt. Doch indem sich Denken in diesen Bereich hineinfragt und hineinspricht und damit die Grenzlinie verschiebt, nimmt die Tiefe der Fraglichkeit des Ungedachten nicht ab, sondern im Gegenteil zu. Es ist die Sache des Denkens, sich immer wieder, und oft auch auf unbe-

reicher ist das in diesem Denkweg Ungedachte, d. h. jenes, was erst und allein durch diesen Denkweg als das Noch-nicht-Gedachte heraufkommt." Der Satz vom Grund, Pfullingen 1957, 1965³, 123.

[39] Eine weitere Assoziation zum Denken des Noch-Nicht bei Ernst Bloch ist trotz der verschiedenen Parteifarbe dieser beiden generationsgleichen Denker und weiterer Differenzen nicht einfach von der Hand zu weisen.

gangenen Wegen, auf das Ungedachte einzulassen. Es geht
nicht um neue Ideen, neue Theorien, neue Philosophien und
Theologien, nur um das Bisherige, Vertraute und vielleicht
über weite Strecken Bewährte als überholt abzutun. Sinn und
Ziel solchen Denkens, so kann man paradox sagen, liegen im
Gegenteil darin, daß denkend die Fraglichkeit des Ungedachten desto übermächtiger werde. Je intensiver Theologie Gott
denkt, um so größer wird sein Geheimnis. Dieser alte, anti-
positivistische Erfahrungssatz aus dem Bereich der Theologie hat in dieser Hinsicht seine volle Berechtigung.

Das Ungedachte ist allerdings nicht die Wahrheit und der
Sinn des Einen für sich selbst, sondern das Anwesen des ganz
Anderen. Dieser Satz stellt sich nicht nur gegen überlieferte
Bahnen metaphysischen Denkens, sondern in letzter Konsequenz auch gegen Heideggers Denkweg. Auf der Spur dieses
Ungedachten zu denken, bedeutet gerade nicht mehr, am
Ende doch noch einmal im Einen allein Gott und Göttlichkeit
und darin das Fragwürdigste zu entdecken. Jede bisherige
und noch denkbare Identität von Gott und Einem ist dahin,
und zwar um Gottes wie um des Einen willen. Im Licht des
ganz Anderen als Ungedachtem kann und muß nämlich folgerichtig auch gesagt werden, daß das Wesen des Einen zugleich anders zu erfragen und zu denken ist, als es Metaphysik
getan hat. Der Gedanke des Andern verändert auch alles
Denken des Einen bis hinein in praktische Konkretionen. Im
Licht des Andern gehört das Eine gerade nicht mehr sich
selbst, sondern es „ist" das Eine des Andern. Das Eine gehört
von Grund auf nicht mehr sich selbst, sondern dem Andern.
Das innerste Wesen des Einen kann nicht mehr in einer Aus-
deutung des Gedankens der Absolutheit, der Eigenmacht
und göttlichen Einzigkeit der causa sui erfragt werden. Wesen und Sinn des Einen geht in der Auseinandersetzung mit
dem Anderen auf als die Insistenz des ganz Anderen. Der

Vorgang der gegenseitigen Existenz und Insistenz wird zum Ort, wo das Andere im Einen zum Fragwürdigsten werden muß.

Mit der Übernahme des Begriffs des Ungedachten ist jedoch eine zweite, nicht weniger folgenreiche Entscheidung getroffen. Unter der Voraussetzung, daß Gott mit Grund das Ungedachte genannt werden kann, gilt theologisch auch der Folgesatz: Dieses Ungedachte ist das Zudenkende der Theologie. Es gilt, denkend auf die Spur des Anderen zu kommen, nach dessen Wesen zu fragen und es in denkender Besonnenheit zu vergegenwärtigen. Verschiedene, denkbare und mögliche Seitenwege, die sich aus verschiedenen Gründen sogar nahelegen, werden damit übergangen. Gegenüber der Unerdenklichkeit des Anderen liegt es nur zu nahe, sich desto mehr auf die Tatsächlichkeit des Glaubens zurückzuziehen. Theologie würde damit allerdings zum bloßen Bedenken des Glaubens, anstatt sich im Bereich eines Denkens Gottes selbst fragend zu bewegen. Theologie würde damit zur Selbstbesinnung des gläubigen Ichs, anstatt zur Besinnung im Ansinnen Gottes. Theologie würde zur bloßen Reflexion einer bestimmten Erfahrung des Glaubens, anstatt das in der Erfahrung Erfahrene nun auch und erst recht zum Gegenstand einer Erfahrung des Denkens selbst werden zu lassen. In diesem Sinn kann Theologie als theozentrische Besinnung nicht bloße Erfahrungs-Theologie sein. Dabei ist es nicht einmal so sehr die anthropologische und nicht selten sogar anthropozentrische Grundrichtung, welche diesen wichtigen und respektablen Weg fragwürdig werden läßt. Im Gegenteil kann darin gerade auch eine große Stärke liegen im Sinne einer theologisch kenntnisreichen und breiten Verankerung des christlichen Glaubens im menschlichen Leben[40]. Das Reden vom

---

[40] Mit Nachdruck sei nochmals auf die zahlreichen, starken, phä-

christlichen Glauben wird verifizierbar, anstatt sich in abstrakter Wissenschaftlichkeit oder lebloser Dogmentreue zu erschöpfen. Fragwürdig erscheint dieser seit Schleiermacher oft erprobte Weg vor allem, weil er den Leitfaden des Denkens von Anfang an bereits festgemacht hat. Der Mensch und seine vielfältigen Formen der Lebens- und Glaubenserfahrung werden zum prinzipiellen Ort, wo der Gedanke der Besinnung bereits seine mehr oder weniger feste Verankerung gefunden hat. Bei aller Offenheit zu Gott ist über das Prinzip bereits entschieden. Der Gedanke des menschlich-gläubigen Subjekts vor Gott wird gleichsam zur Wiege, in die alle weiteren, noch so sinnvollen Aussagen über Gottes Geheimnis eingebettet werden. Die radikal erfahrene Fraglichkeit ist damit im Sinn eines bestimmten Gedankens bereits bewältigt. Glaubensbesinnung, anstatt das Denken dieser Fraglichkeit selbst auszuliefern, wird zum bloßen Vollzug des bereits gefällten Grundentscheides.

Dasselbe wäre in abgewandelter Form von wesentlich anderen Wegen zu sagen. Sosehr jede Theologie auf Erfahrung beruhen mag, beruhen muß, so bestimmt liegt ihr Wesen im Erfahrenen selbst. Ein Denken des Glaubens ist schutzlos und grundlos der Fraglichkeit des Ungedachten ausgesetzt. Dies gilt noch vor jeder denkbaren, noch so sinnvollen Entscheidung in grundlegenden Fragen. Das Ungedachte ist primär der grundlose Anhalt des Denkens. So gibt es in dieser Beziehung nicht nur Erfahrungen des Glaubens, sondern nicht weniger die zahllosen, geschichtlichen Erfahrungen des Denkens. Theologie, wo immer sie sich nicht vorschnell grundsätzlich absicherte, war je in irgendeiner Weise denkende Erfahrung Gottes. Von daher verlangt jeder bisher gedachte Gedanke Respekt. Darin reflektiert sich auf seine Art

nomenologischen Passagen in *Gerhard Ebelings* Dogmatik hingewiesen.

etwas vom erregenden, beunruhigenden, in Atem haltenden Wesen der Theologie. Auf der Grenzlinie zum Ungedachten wurden Schritte, vielleicht auch sehr ausgefallene Schritte, getan, die aus heutiger Optik möglicherweise kaum mehr wiederholbar sind. Dennoch, solche Gedanken erschlossen im Umgang mit dem Ungedachten neue Wege denkbarer Erfahrung, die rückwirkend auch der gelebten Erfahrung des Glaubens zugutekommen mußten im Sinn einer inneren Erhellung des Glaubensverständnisses. Theologie wird museal, wo sie dieses ihr eigenstes Wesen verkennt. Theologie ist denkende Vergegenwärtigung des Ungedachten. Ihre ganze, merkwürdige Geschichte muß vom Ungedachten her rekonstruiert werden, damit deren Gedanken aus dem Zustand bloßer Petrefakte herausgeholt werden und aus dem Bereich heraus zu sprechen beginnen, dem sie ihre Entstehung und ihr inneres Wesen verdanken.

Gewiß vermag gerade eine Erfahrungstheologie im Hinblick auf das ganz Andere bereits wesentliche Einblicke zu gewähren. Nicht zuletzt läge in dieser Hinsicht eine Wiederholung der Wahrheit der Mystik nahe. Immer leicht suspekt am Rand der offiziellen Theologie und doch nicht wegzudenken, zeugt Mystik von einer besonders intensiven Erfahrung Gottes, doch nicht weniger von einer Erfahrung des Denkens Gottes. Zumeist schlägt sich diese Intensität auch in einer erstaunlich kreativen Beredsamkeit nieder bis hin zu eigentlichen Sprachschöpfungen wie etwa besonders bei Meister Eckhart oder Jacob Boehme und Angelus Silesius. Mystische Stille, um die alles Denken und Sprechen kreist, kann Sprache und Denken geradezu provozieren, anstatt beides nur abzuweisen in den bloßen Vorhof einer schweigenden Geburt Gottes in der Seele. Vor allem jedoch hat Mystik die Wahrheit Gottes je nicht in einem transzendenten Seinsgrund gesucht. Mitten in der äußeren und inneren Auseinandersetzung des Lebens zeugt sie von einer besonderen Erfahrung des verschwindenden, zerbrechlichen Ichs. Gott ist nicht das metaphysisch Alleine, sondern Gott insistiert im Innersten des Ichs wie ein Wurm im Gebälk. Gott ist gegenwärtig. Dies wird als die Erfahrung der Befreiung und Erlösung gedacht, die folgerichtig auch freimacht gegenüber herkömmlicher Sprache und gängigem Denken. Die innere Distanz zum Gesprochenen und Gedachten macht frei für das Ungedachte, aber zugleich für das Denken und Sprechen. Dennoch, so scheint es, geht das anthropozentrische Kreisen der Mystik um den Gott in uns weitgehend auf Kosten eines Denkens Gottes außer, über und jenseits nicht nur des Menschen, sondern des Einen überhaupt, wobei eine solche Denkmöglichkeit unter der Vorherrschaft des metaphysischen Seinsdenkens wohl auch kaum vollziehbar gewesen wäre. Genauere Untersuchungen müßten zeigen, inwiefern sich darin dennoch besondere Erfahrungen des ganz Anderen sprachlich-denkend Äußerung verschaffen.

Im Ansinnen und Andenken des ganz Anderen wird Denken allerdings einer kaum erträglichen Belastung unterworfen. Das Ungedachte wird in nächste Verbindung zu dem gebracht, was Metaphysik je auf vielen Wegen als „Nichts" erfahren und denkend abgewiesen hat. Ist Nichts denkbar? Die Unerträglichkeit einer solchen Frage liegt darin, daß das „Nichts", auf das hier insistiert wird, von der Tradition her schlicht das Undenkbare ist. Es liegt außerhalb von Denken und Sein[41].

---

[41] *Hôseki Shinichi Hisamatsu*, der neuzeitliche Reformator des japanischen Zen-Buddhismus, versucht in seiner Abhandlung „Die Fülle des Nichts", Pfullingen ohne Datum, das Wesen des zen-buddhistischen Nichts in und gegenüber abendländisch-metaphysischen Denkmöglichkeiten zu erläutern. – Einer der besonders wichtigen Aspekte des laufenden Dialogs zwischen Buddhisten und Christen ist ohne Zweifel die Auseinandersetzung um das Wesen des Mu, indem

Gerade die metaphysische Undenkbarkeit dieses ganz Anderen muß die Frage nach dessen Erfahrbarkeit trotz aller Vorsicht gegenüber irgendeiner Erfahrungs-Theologie provozieren. Kantisch läßt sich auch im Hinblick auf das Andere sagen: Was nicht im Bereich möglicher Erfahrung liegt, „ist" nicht im Sinne bloßer Einbildung. Der Nachweis der Erfahrbarkeit, Unmittelbarkeit und Offenbarkeit des Anderen gehört zur Evidenz der Besinnung, sowenig sie sich im bloßen Aufweis einer besonderen Erfahrungsmöglichkeit erschöpfen darf. Insofern braucht ein Denken Gottes tatsächlich die Erfahrung des Glaubens, nur daß es im bloßen Bedenken der Glaubenserfahrung des Menschen nicht sein Bewenden haben darf. Die Besinnung gehört nicht nur der fides qua, sondern noch viel mehr der fides quae. Der Glaube kann täuschen, Gott tut es nicht.

Ein bloßer, knapper Hinweis muß an dieser Stelle ein Einholen dessen, was hier wesentlich wäre, ersetzen. Dazu gehört etwa auch das Wort Freiheit, dessen Magie durch sämtliche weltgeschichtlichen Widerlegungen bis heute noch nicht vernichtet werden konnte. Die Erfahrung des Anderen muß

---

gerade auch das metaphysische Denken bestimmte und eigenständige Erfahrungen des „Nichts" miteinbringen kann. Das Nichts der Metaphysik und das Mu des Buddhismus verlangen vor jeder vorschnellen, sprachlichen Ineinssetzung wohl ein intensiveres Bewußtsein der eigenen, andersgearteten Erfahrung, was insbesondere für die metaphysische Erfahrung des Nichts gelten dürfte. – Das Nichts des „Herzens" von Hisamatsu scheint von dem, was hier als „Nichts" intendiert ist, so unterschieden zu sein, wie sich der Mensch von Gott unterscheidet. In Angleichung an abendländisches Denkens scheint sich Hisamatsu vor allem dessen mystischer Sprachtradition zu bedienen. Ein Dialog zwischen Christen und Nicht-Christen in solch hochkomplexer Form dürfte äußerst schwierig sein, wofür diese schöne Studie beredtes Zeugnis gibt. Genau dies könnte diesen Dialog jedoch zu einer Art Testfall der Dialogfähigkeit der christlichen Tradition und Theologie werden lassen.

zentral bestimmt werden als die Erfahrung der Befreiung.
Freiheit in diesem Sinn bedeutet nicht nur Freiheit von den
Dingen, von den fesselnden Zusammenhängen, vor allem
auch von sich selbst und zuhöchst Freiheit vom Einen. Freiheit ist freier Zugang zum Andern. Im Einen sind, bildhaft
gesprochen, Löcher. Das Eine ist nicht kompakt. Hier kann
wirklich Zutrauen, Liebe und Hoffnung wachsen, inselhaft
einmalig vielleicht, aber dennoch als Faktum einer real gemachten Erfahrung. Die kleinste Erfahrung von Freiheit ist
Unterpfand dafür, daß Freiheit kein bloßer Traum zu sein
braucht, sondern real möglich ist.

Freiheit ist Unabhängigkeit. Unabhängigkeit aber ist nicht
Unbestimmtheit durch einzelnes, vieles oder durch eine
Ganzheit. Damit wäre Freiheit nur negativ im Sinne bloßer
Emanzipation bestimmt. So sehr gerade darin die eigentlichen Machtprobleme hausen, sowenig ist damit das Wesen
von Freiheit schon getroffen. Die Erfahrung der Unabhängigkeit bedeutet darum positiv die Erfahrung der Unbedingtheit. Die Erfahrung der Unbedingtheit mitten unter
Dingen und Menschen verdankt ihr Wesen letztlich einem
gegenwärtigen Unbedingten, das jenseits von allem steht
und doch in alles hineinragt. Gott ist ein Gott, der zur Freiheit
nötigt. Alle Ängste vor der Freiheit sind wohl auch Ängste
vor der Nähe dieses Gottes. Alle Sicherungen gegen die Freiheit sind in letzter Instanz auch eine Absicherung gegen die
Gegenwart dieses Gottes. Gott kann Ängste auslösen, er muß
es sogar. Dieser Gott ist ein Angriff auf den abgesicherten
Menschen mit seinem äußerlich und innerlich abgestützten
Macht- und „Gotteskomplex"[42].

Das Wesen dieser Freiheit beruht somit im Kern in der
Unmittelbarkeit zum Unmittelbaren mitten in allem Vermit-
telten. Mitten in der innerlichen und äußerlichen Auseinan-

---

[42] *Horst E. Richter*, Der Gotteskomplex, Hamburg 1979.

dersetzung um dieses, um jenes, kann der Schleier zerreissen, der über allem liegt und oft genug den Charakter von äußeren und inneren, harten Mauern annehmen kann. Gott ist da und läßt sich in Freiheit glaubend und hoffend beanspruchen. Das bisher aufdringlich Nächste rückt in die Ferne, das bisher und bleibend Befremdliche dieses Gottes ist nah. Die konkrete Bedeutung dieser Nähe im Hinblick auf inneres und äußeres Verhalten gegenüber Dingen, Menschen und Machtsystemen kann nur bedingt in Begriffe gefaßt werden. Dafür sind vielmehr konkrete Geschichten zuständig, die von der faktischen Erfahrung der befreienden Nähe Gottes erzählen. Darin liegt der Sinn der ständigen Wiedererinnerung und Wiederholung biblischer Geschichten. Christlicher Glaube orientiert sich besonders an den Geschichten der Evangelien. Als Zeugnisse erfahrener Befreiung und Erlösung haben sie in ihrem ganz und gar untheoretischen Charakter darin maßgebliche Bedeutung. Die historischen und biographischen Gegebenheiten rund um die Person Jesu von Nazareth sind dabei mehr oder weniger sekundär. Primär ist die Erfahrung Jesu als faktischer Erfahrung von Befreiung. Die Unmittelbarkeit Gottes wird greifbar in ihrer konkreten Bedeutung. Darum bedeutet Evangelium auch nicht eine bloße Freiheitstheorie oder Befreiungsideologie. Die Botschaft vom nahen Reich Gottes hat konkrete Gestalt in der Person dessen, der diese Nähe selbst vergegenwärtigt. Die Gesichtszüge des befreiten Menschen sind daran ablesbar. Daß die Evangelien im Erzählen der Leidensgeschichte ihre innere Angel haben, kann nicht übersehen werden. Die Geschichte der Befreiung ist eine Leidensgeschichte von Anfang an. Die Erfahrung geschundener Freiheit steht sogar am historischen Ursprung des christlichen Glaubens. Daß das Kreuz, anstatt das Ende des Glaubens an Jesus zu sein, im Gegenteil zum Motor des christlichen Christusglaubens werden konnte, das liegt allerdings nicht mehr in der Erfahrung dieses Endes selbst, sondern in der gegenteiligen Erfahrung, daß der Gott der Freiheit damit nicht am Ende ist. Seine Unmittelbarkeit und Insistenz im Einen bricht dort wieder auf, wo sie auf den hinterlassenen Spuren dieses Gekreuzigten wahrgenommen wird.

Nun aber geht es theologisch nicht nur darum, Geschichten erfahrener Freiheit zu erzählen. Das Denken selbst muß der Erfahrung der Insistenz des Anderen ausgeliefert werden. Dagegen muß sich unter anderem ohne Zweifel auch der Verdacht erheben, die Begrenztheit des menschlichen Denkens werde damit überfordert im Sinn: Sollte Gott erfahrbar sein, so ist er gewiß nicht denkbar, schon gar nicht in Richtung des ungedachten „Nichts" der Metaphysik. Demgemäß sagt der neuzeitliche Verstand: Das Ich ist das Denkende und der Gegenstand das Zudenkende; in der Gespaltenheit von Subjekt und Objekt bewegt sich alles Denken; was über diese Grenze hinauszielt, ist Illusion, Spekulation, Chimäre. Indem das ungedachte „Nichts" als das Zudenkende deklariert wird, scheint es tatsächlich, als werde Theologie einer bodenlosen Spekulation ausgeliefert. Dazu ist zu bemerken:

1. Das Bedenken des ganz Anderen bildet in keiner Weise eine neue Variante des fruchtlosen Versuchs, die Subjekt-Objekt-Spaltung des Erkennens auf irgendein transzendentes An-Sich hin zu übersteigen. Bei allem Protest gegen diese Spaltung liefe dies nur einmal mehr auf eine Bestätigung des neuzeitlichen Subjekt-Objekt-Denkens hinaus. Um so mehr und um so gründlicher fragt die Frage nach dem Anderen ins Wesen dieser Spaltung selbst hinein. Die Offenheit zwischen Subjekt und Objekt bildet sogar den eigentlichen Sitz der Fraglichkeit. Die Frage entspringt dem Zweifel, ob mit den neuzeitlich geprägten Begriffen „Subjekt" und „Objekt" das Eigentliche dieser Offenheit überhaupt ins Ge-

sichtsfeld komme und nicht vielmehr dadurch verdeckt werde. Was „ist" mit dem Abstand zwischen beiden, der offenbar weder Subjekt noch Objekt ist und der dort, wo er sich
öffnet, das Wesen beider überhaupt erst ermöglicht? Mehr
noch, was Subjekt und Objekt, was Mensch und Ding eigentlich sei, kann grundlegend weder aus diesem noch aus jenem bestimmt werden noch auch aus der gegenseitigen Auseinandersetzung. Das eigentlich Fragliche am Subjekt und
Objekt unterscheidenden Denken ist der Unterschied selbst,
der offenbar das Eine wie das Andere erst ermöglicht. Das
Bestimmende dieses gegenseitigen Verhältnisses ist das darin
zuvor schon offene Zwischen. Heidegger befragt und be-
denkt dieses Zwischen als den Ort der Lichtung des Seins.
Theologie bewegt sich im selben Bereich des Fragens. Jenseits der Grenzen eines Denkens des Einen fragt sie darin jedoch nach der Insistenz des Anderen. Wo das Eine sich öffnet
und ins Andere hinaussteht, da insistiert das Andere. In der
Offenheit des Einen offenbart sich das Andere. In der Auseinandersetzung von Subjekt und Objekt geht es somit nicht nur
um dieses oder jenes, sondern um das offenbare Anwesen des
Anderen. Von daher muß offensichtlich überhaupt erst neu
nach dem Wesen des Menschen gefragt werden, wie sich
auch „die Frage nach dem Ding" unter anderen Vorzeichen
stellt[43]. Das neuzeitliche Subjekt-Objekt-Denken wird nicht
damit in Frage gestellt, daß das Verhältnis von Ich und Welt
dynamisch als geschichtliche Auseinandersetzung, etwa als
dialektischer Prozeß, verstanden wird, sondern auf höchster,
spekulativer Stufe nur um so mehr bestätigt. Der Sitz der eigentlichen Frage findet sich statt dessen in dieser Auseinandersetzung selbst, in der nach der Insistenz des Anderen gefragt wird. Auseinandersetzung ist das gegenseitige Spiel des

---

[43] S. *Martin Heidegger*, Die Frage nach dem Ding, Tübingen 1962.

Einen und des Anderen, in welchem auch der Mensch an seinem besonderen Ort mitspielt[44].

2. Damit ist zugleich gesagt, daß es eine Wahrnehmung des Anderen an sich nicht geben kann. Was es mit Gott über, jenseits und außerhalb des Einen auf sich hat, entzieht sich jeder Erfahrbarkeit und damit Denk- und Sagbarkeit. Eine grundlegende Unterscheidung wie „Das Eine besteht im Unterschied zum Anderen außerhalb" markiert höchstens eine äußerste Grenze. Doch was es mit Gott an sich auf sich hat, das läßt sich nicht an sich sagen. Das Andere ist erfahrbar, wahrnehmbar und damit auch denkbar nur in seiner Insistenz mitten im Einen. Mit Luthers Wort: „Soweit Gott sich verbirgt (se abscondit) und von uns nicht erkannt sein will, geht er uns nichts an..."[45]. Einzig der deus incarnatus im Einen ist der Ort einer konkreten Bestimmung. Einzig die Lichtung des Verborgenen und in der Lichtung erst recht Geheimnis Bleibenden ist der Wesensraum der Besinnung.

Mehr noch, theologische Besinnung ist der besondere Wesensraum der Insistenz des Anderen. Dieser Satz bedeutet vorerst, daß Besinnung in die Insistenz des Anderen je schon verfügt ist, ob dies nun wahrgenommen wird oder nicht. In diesem Sinn läßt sich rückblickend sagen, daß sich auch metaphysisches Seinsdenken je schon in diesem Wesensraum bewegt hat, um das Eigentliche dieses Wesens allerdings je zu übersehen und von Anfang an sogar zu negieren. Darüber hinaus bedeutet dieser Satz jedoch, daß theologisches Denken dem Anderen in besonderer Weise gehört. In der Besinnung geht es um den Sinn des ganz Anderen. Mitten in der Auseinandersetzung mit dem Einen gehört Besinnung nicht dem

---

[44] Vgl. zur Bedeutung des Spielgedankens u. a. *Manfred Eigen/Ruth Winkler*, Das Spiel, München 1975.
[45] WA XVIII, 685.

Einen, sondern dem Anderen. Denken beruht gerade nicht in einer irgend gearteten Identität von Denken und Sein, sondern in der Hörigkeit und Hellhörigkeit gegenüber dem Anderen. Mitten in der offenen Auseinandersetzung des Einen, ohnmächtig vielleicht, wie Denken gegenüber der gelebten Wirklichkeit zumeist ohnmächtig ist, beinahe nur an der kräuselnden Oberfläche, eröffnet Besinnung einen offenen Bezirk, innerhalb dessen der Sinn des Anderen zu Worte, zur Sprache und vor allem ins Denken kommen kann. Schärfer gesagt, Besinnung ist dieser Bezirk. In der Theologie mag und muß es um viele einzelne Schwerpunkte gehen von der Protologie über die Christologie bis hin zur Eschatologie. Doch all dies unterlaufend und übergreifend und von innen her tragend ist zentral das gegenseitige Verhältnis von Denken und Ungedachtem. Ob es in aller Begrenztheit und Vorsicht gelinge, immer wieder denkend dem Ungedachten auf die Spur zu kommen, daran entscheidet sich die innere Ermöglichung von Theologie. Daß dabei nicht gewaltige Systeme von Gedanken zu erwarten sind, sondern fragmentarische Gedanken dem Wesentlichen näher kommen dürften, das liegt im Wesen dieses Zudenkenden.

Zwangsläufig befindet man sich damit in einem Problemfeld, das auch zentral zum Wesen metaphysischen Denkens gehört: im Problem der Identität von Denken und Zudenkendem. In Rücksicht darauf kann der harte Satz gewagt werden: Denken Gottes „ist" Gott. Besinnung „ist" das ganz Andere. Oberflächlich gehört tönt der Satz in dieser Zuspitzung wie Identität des Nichtidentischen. Tatsächlich beruht Besinnung im Bezug zum Nicht-Einen, das sich im Denken vergegenwärtigen läßt. Den Vorgang der Vergegenwärtigung Identität zu nennen, wäre jedoch einmal darum unzutreffend, weil dieses Gehören als ein Vorgang gedacht werden muß, nicht als eine perfekte, methodisch oder sonstwie

hergestellte Übereinstimmung. Vor allem aber ermöglicht
diesen Vorgang nur ein erster Schritt, der auf die Allidentität
des Einen und im Einen gerade verzichtet. Dieser Schritt geht
ohne Grund und Absicherung auf das zu, was sich als das
ganz Andere von jeder Identität mit dem Einen unterscheidet. Das Andere ist das absolut Nicht-Identische, indem es
sich gerade nicht mehr in die alles überwölbende Einheit des
Einen zurückholen läßt. Besinnung vergegenwärtigt dasje-
nige, welches sogar Hegels Dialektik von Identität und
Nicht-Identität im Absoluten von Anfang an übersteigt. Das
Gehören richtet sich aus am Anderen, dem es schrittweise
und je fragmenthaft im Einen einen offenen Spielraum ermöglicht. Das Gehören ist ein Versöhnen des Einen und des
Anderen im Bereich des Denkens und der Sprache.

These 8. Gott: die Stille der Sprache

Der beste Gedanke ohne Sprache ist stumm. Das schönste
Wort ohne Denken ist leer. Sprache und Denken sind inein-
ander verfügt. Besinnung ohne Sprache ist bloßes Gefühl,
Sprache ohne Besinnung ist bloßes Gerede.

In diesem Sinn unterliegt es keiner Beliebigkeit, daß Theo-
logie auch zum Nachdenken über das Wesen von Wort und
Sprache wird. Sprache ist das Lebenselement von Theologie.
Besinnung hat darum auch nach dem Sinn des Wortes, des
Satzes und des Sprechens zu fragen. Besinnung ist ein Ein-
dringen in den Sinn der Sprache[46]. Sprache, das bloße Nen-

---

[46] Vor allem Gerhard Ebelings hermeneutisch orientierte Theologie hat diese enge Verbindung von theologischem Denken und dem
Wesen der Sprache auf dem Hintergrund von Heideggers Sprachver-
ständnis zur Geltung gebracht. Besinnung auf das Wesen des Wortes
und der Sprache gehört fundamental zum Wesen von Theologie,
auch wenn sie nicht im Gefolge Luthers zur ausgesprochenen

nen und seine Bedeutung, erschließt Welt. Besinnung dringt ein in die ungedachte Wirklichkeit des ganz Anderen, die je und immer schon eingedrungen ist in die Welt und in alles Besprechen des Einen. Jedes Besprechen des Einen, ob wahrgenommen oder nicht, bewegt sich bereits im Feld des Einspruchs des Anderen.

Der Sinn der Sprache beruht nicht im Besprechen des Einen selbst, sondern im noch so konkreten Bedenken und Besprechen des Einen geht es letztlich immer auch um das Einsprechen-Lassen des Anderen. In der sprachlichen Auseinandersetzung geht es im Tiefsten nicht um dieses oder jenes, sondern um die Vergegenwärtigung des ganz Anderen. So kann gesagt werden: Wesen und Sinn der Sprache liegt in der Vergegenwärtigung des ganz Anderen. Sprache beruht nicht im Monolog des Einen mit sich selbst. Sprache ist statt dessen verfügt in den Dialog und die Auseinandersetzung des Einen und des Andern. Mehr noch, Sprache ist jener ausgezeichnete Ort, an welchem mitten im Einen der Sinn des Anderen zur Besinnung kommen kann. In der Sprache wird das insistierende Ansinnen Gottes und die menschliche Besinnung auf Gott eins, was allerdings, wie bereits erwähnt, nicht im Sinn einer Identität, sondern im Sinn des gegenseitigen Gehörens gedacht werden muß. In der Sprache werden Gott und Welt, Gott und Mensch nicht identisch eins. Der radikale Unterschied des Einen und des Anderen bleibt auch in der innersten Insistenz gewahrt. Es gehört jedoch zum Wesen der Sprache, daß darin dieses Nicht-Identifizierte zu Wort kommen kann. In diesem Sinn kann mit Hegels Begriff tatsächlich von Versöhnung des Gegensätzlichen gesprochen werden. Der Sinn der Sprache beruht im Vorgang der Versöhnung. Der äußer-

---

Wort-Theologie wird. In diesem Problemkomplex gehört besonders auch *Eberhard Jüngel*, Metaphorische Wahrheit, in Evangelische Theologie, Sonderheft München 1974, 71–122.

ste Gegensatz des Einen und des Anderen erreicht darin den
Ort des gegenseitigen Ineinanderspielens.

Der Sinn der Sprache, in dieser Weise ins Auge gefaßt, liegt
allerdings nicht auf der Hand. Überlieferte Einblicke ins Wesen der Sprache und gängige Sprachtheorien scheinen davon
weit entfernt. Vor allem alltägliche Sprechakte scheinen damit gar nichts zu tun zu haben. Besonders weit ist die Rede
von der Versöhnung entfernt von irgendwelchen Harmonie-
lehren, welche die harte Gegensätzlichkeit der realen Auseinandersetzung auf irgendwelche letzte Alleinheitlichkeit zu-
rückführen möchten. Versöhnung in diesem Sinn ist nur
denkbar auf dem Hintergrund der radikalen Unterscheidung
des Einen und des Anderen ohne jede darüber hinaus gehende
Identität. Versöhnung ist nicht Selbstversöhnung des Einen
und Absoluten in, durch und mit sich selbst, sondern das
Spiel des Einen im Anderen und des Anderen im Einen. Insistenz und Existenz erreichen den Ort fragmenthafter Übereinstimmung.

Besinnung auf den Sinn der Sprache kann nicht bedeuten,
Funktionen und Strukturen alltäglichen Sprechens, literari-
scher Sprache oder vergangener Texte zu untersuchen. Gewiß bildet diese Arbeit einen unersetzlichen Bestandteil jeder
Kenntnis von Sprache. Linguistik ist vielleicht der erste, pro-
pädeutische Schritt zur Sprachbesinnung. Der Sinn der Sprache erschließt sich jedoch nicht im empirisch kenntnisreichen
Rubrizieren von Funktionen, Strukturen, Akten, Formen
und Gestalten. Empirisches Analysieren erhöht vielleicht das
Wissen über die Sprache. Besinnung auf das Wesen der Sprache liegt jedoch auf der Spur dieses Sinnes selbst. Sie besinnt
sich nicht auf ein empirisch Vorliegendes und Gesagtes, sondern auf das in aller Sprache Ungesagte. Derartige Besinnung
bewegt sich nicht im Bereich abstrakter, ewiger Ideen. An
den Grenzen des Sagbaren wird das Ungesagte bedacht. Be-

sinnung untersteht in dieser Weise völlig der Geschichtlichkeit. Im besten Fall gelingt es, in einer Zeit eine Offenheit der Sprache zu erschließen, die als verschlossen gelten mußte. Besinnung hat die kreative Aufgabe der Eröffnung und Erschließung, auf welchen Wegen sie immer geschehe.

Das Ungesagte allen Sprechens ist nicht das Eine, sondern das ganz Andere. Gewiß gerät im Sprachbereich des Anderen auch das Eine, das Sein selbst und das Seiende, in den Sog eines neuen Besprechens. Im Licht des Anderen gerät auch das Eine in seiner Vielfalt in eine andere als metaphysische Aussagbarkeit. Es ist das Ungesagte und Ungedachte des Anderen, das eine veränderte Seh- und Sprechweise provoziert. Sprache untersteht diesem Anspruch. Das Denken und Sprechen des Menschen beruht immer schon in der Aussetzung an das Andere. Die Frage ist jedoch, ob und wie dieser Anspruch wahrgenommen wird. Es liegt nahe, daß nur das Nächstliegende besprochen und bedacht wird. Da auch dieses nicht zuverlässig ist, liegt es noch näher, nach dem ein und alles vereinenden Hort hinter der bloßen Oberfläche zu fragen. Denken und Sprechen wird darin zur Flucht vor der zerrissenen Realität der konkreten Auseinandersetzung. Es flieht zurück in eine Einheit, die als das einzig Sichere gilt. Es flieht jedoch auch vor der Möglichkeit, das Unerdenkliche im Denken und das Unsägliche im Sagen wahrzunehmen. Anstatt Versöhnung dominiert der Widerspruch und die Negation. Die innere Einheit und vielleicht sogar Harmonie des Redens und Denkens vom Einen täuscht darüber weg, daß sich der Gedanke des Einen metaphysisch letztlich nicht nur in der Negation der sinnlich gegebenen Wirklichkeit, sondern noch tiefer nur im Widerspruch gegen und der beständigen Verwerfung des ganz Andern halten und sichern läßt. Die Welt, in der wir leben, ist als letzte Einheit und, über alle Gegensätze hinaus, harmonische Ganzheit nur um den Preis zu haben, daß das die Einheit permanent Störende daraus verbannt wird oder in irgendeiner Form eingeholt werden soll. Störend ist jedoch nicht nur das konkret Sinnlose in seinen tausenderlei Konkretionen, sondern in letzter Konsequenz vor allem das ganz Andere selbst.

So sehr jedes Denken und Sprechen bereits im Einspruchsbereich des Anderen beruht und so sehr Metaphysik immer wieder und anders davor zurückschreckte, so sehr lebt theozentrische Besinnung und ihre Sprache von der Wahrnehmung des ungesagten Anderen. Sprache wird umspielt von seiner Stille. In paradoxer Formulierung: Besinnung läßt die Stille selbst zu Wort kommen. Ihr Sprechen eröffnet dem Ungesagten einen Bereich. Das heißt nun gerade nicht, daß Besinnung ins Schweigen münde und nur dem Schweigen diene, so sehr sie je aus dem schweigenden Hören lebt und immer wieder darauf zurückkommen muß. Mystik und wortlose Meditation verpassen hier bei aller Betonung der Stille gerade das Eigentliche, daß Gott in der sprachlichen Auseinandersetzung laut werden soll. Noch weniger endet Besinnung jedoch in einem lautstarken, sicheren und Sicherheit suggerierenden Reden. Besinnung steht jedem Positivismus fern, allenfalls auch einem theologischen, der um feste Positionen seine Schlachten schlägt. Das Wesen theologischer Sprache ist die übermächtige Stille, die mächtiger bleibt als alles Gedachte, Gesprochene und Gesagte. Sprache spielt auf dem Hintergrund des Ungesagten. Die Stille umspielt jedes Wort, jeden Satz und jede Zeile, vergleichbar dem offenen Abstand, der zwischen einzelnen Worten, Sätzen und Zeilen steht und durch den erst die eigenständige Gestalt und der gegenseitige Bezug dieser Sprachelemente möglich wird. Der Sinn der Sprache erschließt sich nicht aus dem Gesagten, sondern aus dem darin Ungesagten.

Indem es darum geht, die metaphysische Durchprägung

theologischer Tradition rückblickend kritisch zu durchleuchten, hat die Besinnung auf den Sinn biblischer Sprache und Texte ihre unersetzliche Bedeutung, um mit diesem Schritt zurück dem ungesagten Wesen Gottes desto näher zu kommen. Diese zeugen von einer vielfältigen, Jahrhunderte umspannenden, immer wieder anderen Erfahrung des ganz anderen Gottes. Die auf keinen Nenner zu bringende Vielfalt findet ihren inneren Angelpunkt in der kontingenten Wahrnehmung einer ganz anderen Macht eines ganz anderen Gottes, der allen Göttern gegenüber der Unvergleichliche ist, der Abraham zum Auszug aus der Heimat und Israel zum Exodus aus der Gefangenschaft verlockte, der sich niemals festlegen ließ, der aber dennoch grundlos immer wieder da ist und im Vertrauen des Glaubens beansprucht werden kann, der ohnmächtig verworfen wird, wie sein unmittelbarster Repräsentant Verwerfung erlitt, der aber dennoch die härtesten Schalen und Schranken wieder neu durchbricht und neu insistiert als innerer Grund eines nahen Reiches, das nicht und nie der Welt des Einen allein entspringt und dennoch in dieser Welt des Einen seinen Ort hat als Wahrheit, Licht und Liebe.

Theologische Sprachbesinnung bedeutet vor allem Besinnung auf den Sinn, auf das Gesagte und zugleich und noch viel mehr das Verschwiegene dieser Texte. Sie ist in dieser Beziehung Wiederholung dieser Sprache. Damit ist nicht eine Spielart des Biblizismus gemeint, der ungeachtet des geschichtlichen Abstandes die Sprache einer anderen Zeit zu sprechen versucht. Es kann nicht darum gehen, sich nur in eine Sprache der Vergangenheit zu versetzen und darin zu bleiben. Das wäre zuviel Respekt vor dem einmal Gesprochenen und zu wenig vor dem darin Ungesagten. Vielmehr geht es in der Vergegenwärtigung dieser Sprache um die immer neue Gegenwart des darin Angesagten. Wiederholung kann sich insofern auch nicht in einer bloßen historisch-kriti-

schen Erarbeitung der Bedeutung eines Textes in seiner eigenen Zeit erschöpfen. Die Methoden der historisch-kritischen
Forschung sind ohne Zweifel nötig als Schutz gegen eine
willkürliche Aneignung geschichtlich gewordener Texte. Sie
verhindern, daß Vergegenwärtigung zur Vergewaltigung
wird. Dennoch kann eine Wiederholung niemals ein bloßes,
historisch kunstvolles sich Zurückversetzen in andere
Sprach- und Sinnzusammenhänge bedeuten. Das Entscheidende würde bei solcher Exegese gerade noch nicht geleistet:
die Übersetzung der in den Texten eröffneten Sinngehalte.
Wiederholung ist Übersetzungsarbeit. Übersetzt werden allerdings nicht nur Worte, Sätze, Zeichen und Symbole aus
einer Zeit und Sprache in eine andere. Diese an sich immer
notwendige, aber letztlich nie adäquat zu leistende Arbeit gilt
höchstens als Voraussetzung. Übersetzt werden soll sinngemäß und in letzter Absicht nicht nur Gedachtes, Gesagtes und
Geschriebenes, sondern das darin Ungedachte, Ungesagte
und Ungeschriebene.

Eben darum geht es nicht nur um die Vergegenwärtigung
von Worten, sondern um die glaubend wahrnehmbare Gegenwart des darin zu Wort Kommenden. Wiederholung zielt
auf die gegenwärtige Wahrnehmung der Gegenwart des ganz
Anderen. Beschäftigung mit Vergangenem und längst Ge-
sagtem ist kein Selbstzweck, sondern sie dient mittelbar der
Vergegenwärtigung einer Wirklichkeit, die neu zum Wort
kommen will. Texte sind mittelbar, Gott ist je das Unmittelbare, um das es geht. Das gilt in analoger Weise erst recht von
der Person dessen, der im Neuen Testament sogar der Logos
Gottes, sein „Wort" und „Sinn", genannt wird. Die historische Rückerinnerung an dessen faktische Existenz ist immer
nötig, gerade auch eine historisch-kritische Rückversetzung,
damit Christus nicht zur bloßen Fiktion verkomme. Der Sinn
dieser Vergegenwärtigung aber kann darin nicht ans Ziel ge-

langen, sondern ist aus auf die neue Gegenwart des Gottes, dessen Nähe Jesus repräsentiert hatte. Der Christus praesens geht darum allen historisch-kritischen Artefakten vor.

Darum, wenn extrem zu wählen wäre zwischen irgendeiner Spielart der Mystik, die philologisch und historisch meist völlig unbekümmert aus dem gegenwärtigen Ansinnen des Anderen lebt, und einem historischen Glauben irgendwelcher Ausprägung, sei sie dogmatisch-spekulativ, biblizistisch, fundamentalistisch oder auch nur die Form einer modernen Variante der Jesus-Liebe, so müßte ohne Zweifel dem Ersten das größere Recht zugesprochen werden. Es ist wohl gut, daß heute ein Entscheid überflüssig ist. Dennoch: „Die Zeit des bloß historischen Glaubens ist vorbei, wenn die Möglichkeit unmittelbarer Erkenntnis gegeben ist."[47] Eine falsch verstandene Rücksichtnahme oder Vorliebe für das Vergangene kann das Entscheidende gerade verbauen: die unmittelbare Wahrnehmung des unmittelbar ganz Anderen mitten in Zeit und Welt. Theologische Besinnung verkommt wohl dort, wo sie bloß historischer oder auch sehr zeitgenössisch aufgemachter Aufputz vergangener Größen wird. Es geht um den Reflex des unmittelbar ganz Anderen in Denken, Wort und Tat. Die Stille Gottes ist jedoch übermächtiger als alles Gedachte und Gesagte, mächtiger auch als alles gegenwärtige Denken und Sprechen. Zwar kann sie leicht übertönt und damit überhört werden. Doch das stille Geheimnis Gottes überdauert jeden Gedanken und jedes Wort und wird, je mehr davon gesprochen wird, nur um so mächtiger.

---

[47] *Schelling*, Werke IV, 307.

These 9. Gott: Das Eminente als Wesen von Gemeinschaft

Das lateinische „eminere" bedeutet herausragen und hervorstechen. Nach alter Tradition kann Gott das Eminente und Ungemeine schlechthin genannt werden. Das ganz Andere ist das schlicht Unvergleichliche. Der Ausdruck Eminentia bezeichnet jedoch nicht nur die Unvergleichlichkeit Gottes gegenüber allem Seienden, sondern in letzter Konsequenz auch seine radikale Andersartigkeit gegenüber dem Einen selbst. Der Unterschied des Einen zum Andern ist je größer, bleibender und fundamentaler als alle innere Nähe intensivster Insistenz. Der Unterschied bleibt noch dort als reine, radikale Unterschiedenheit, wo das Eine und das Andere im Denken der Besinnung in innigste Gemeinschaft treten. Dies muß, wie gezeigt, betont werden, um jeder möglichen Identitätslehre zu steuern. Die gegenseitige Durchdringung führt zu keinem Austausch der Eigenschaften, weder vom Einen zum Anderen noch umgekehrt. Das Eine ist das Eine in seiner ganzen Vielfalt, das Andere bleibt das Andere in allen seinen Vergegenwärtigungen. Weder wird die Welt göttlich noch Gott weltlich dort, wo sich beides gegenseitig durchdringt. Allen möglichen, noch so bedeutsamen pantheistischen und panentheistischen Grundstellungen entgegen muß dies unterstrichen werden. Es genügt, daß der Mensch menschlicher werde in der Gegenwart Gottes, und Gott bleibt Gott noch in seiner reinsten Insistenz.

Es grenzte nicht selten an Menschenvergötzung, wie in der herkömmlichen Christologie dem irdischen Menschen Jesus göttliche Eigenschaften zugesprochen wurden. Mindestens eine Vernachlässigung seiner Menschlichkeit, wenn nicht gar eine Mißachtung, mit allem, was zum Menschsein gehört mitsamt der Liebes- und Leidensfähigkeit, dem Wei-

nen und der Ohnmacht, lag latent und trotz allem Willen zum
rechten Verständnis immer nahe. Es grenzte jedoch oft auch
an ein hartes Stück, wie Gott menschliche Eigenschaften zugesprochen werden konnten bis hin zur stärksten Aussage
„Gott ist tot" in neuerer Zeit[48]. Anthropomorphismen und
Metaphern haben in einem Denken Gottes zwar ihren unersetzlichen Sinn. Der Mensch sucht in Gott menschliche
Züge, um ihn sprachlich-gedanklich nahe kommen zu lassen.
So kann es, um ein Beispiel zu nennen, sogar naheliegend und
verständlich sein, wenn etwa feministische Theologie im Va-
tergott der biblischen Überlieferung weibliche Züge entdek-
ken will, wie schwarze Theologie im Gesicht Gottes
schwarze Farbe und Leidenszüge wiederfinden kann. Dennoch, das Vorgehen ist nie unbedenklich, mehr noch, eine
Gefährlichkeit ist nicht von der Hand zu weisen. Anthropomorphismen können auch zum Versuch werden, Gott in eine
Ähnlichkeit herbeizuzwingen. In analoger Weise wurde Gott
auch schon für andere, weniger respektable Parteien rekla-
miert. Gott ist kein Fluchtpunkt menschlicher Identitätssu-
che, wenn er nicht zur reinen Projektion eigener Sehnsucht
egal welcher Parteifarbe werden soll. Die Unähnlichkeit in
der Vergleichbarkeit ist je größer. Der Unterschied des Einen
und des Anderen ist radikaler als alle Vereinigung. Die Eminenz übersteigt jede Kommunikation. Kommunikation ist
Versöhnung, nicht Vermischung, des radikal Unterschiede-
nen. Der Unterschied bildet den bleibenden Hintergrund aller gegenseitigen Ineinanderverfügtheit des Einen und des
Anderen.

Die Wahrnehmung der Eminenz des Anderen zielt nicht
auf eine elitäre Einsamkeit und Erhabenheit. Gott soll nicht in
den Himmel verbannt werden, wie dies die sogenannte via

---

[48] Vgl. zur Klärung *E. Jüngel*, Gott als Geheimnis der Welt,
72–137.

eminentiae, die Betonung der Unvergleichbarkeit aller göttlichen Eigenschaften, nicht selten genug anstrebte. Vielmehr
bekommt der Gedanke der Insistenz Gottes im Einen von der
radikalen Unterschiedenheit her überhaupt erst seine Tiefe.
Versöhnung zwischen vergleichbaren Größen wäre vielleicht
ein Gedanke, der dem Gerechtigkeitsbegriff des Aristoteles
entspricht. Kommunikation zwischen radikal Unterschiede-
nem und Unvergleichlichem gibt dem Gedanken der Versöhnung jedoch erst sein Gewicht.

Die Offenheit des unvergleichlich Anderen eröffnet die
Möglichkeit einer offenen Gemeinschaft gegenseitig offener
und darin füreinander freier Menschen. Gemeinschaft setzt
sich insofern ab von jeder Gesellschaftsform, die sich zum
Selbstzweck und darin zum in sich spielenden Spiel der
Macht mit sich selbst aufschwingt. Macht und Gegenmacht,
Gewalt und Gegengewalt, Herr und Knecht sind die grundlegenden Kategorien dieses furchtbaren Spiels, das sich in
immer neuen Formen unversöhnlich wiederholt. Besinnung
im Ansinnen des Anderen nimmt mitten in diesem Spiel die
ganz andere Möglichkeit wahr. Das Ungemeine wird zum
Anlaß mindestens eines Glaubens an die Möglichkeit einer
Gemeinschaft, die sich nicht mehr aus dem geschlossenen
Spiel des Einen herleitet. Wohl liegt die Realmöglichkeit solcher Gemeinschaft im Macht- und Einflußbereich des Einen
und bleibt je bis ins Innerste nicht unbeeinflußt davon. Anstatt jedoch zum bloß religiösen Reflektor gesellschaftlicher
Realitäten zu werden, verdankt Gemeinschaft ihr Wesen der
Gegenwart des unvergleichlich ganz Anderen. Das Tragende
und Verbindende solcher Gemeinschaft sind nicht mehr die
Gesetze des Einen, sondern die mögliche Kommunikation
mit dem Anderen. Gemeinschaft als Alternative zum in sich
geschlossenen Spiel der Macht des Einen lebt aus der Wahrnehmung der Nähe des Anderen mitten im Einen. Gemein-

schaft, wo und wie immer sie sich eröffnet, und wäre es auch fern aller religiösen Symbolik, ist ein Vorgang, der mitten im Einen das Spiel des Einen mit sich selbst durchbricht. Gemeinschaftliche Besinnung bringt mitten in der gesellschaftlichen Auseinandersetzung das ganz Andere zur Sprache und zur gesellschaftlichen Geltung, und zwar als Sinn und Wesen dieser Auseinandersetzung. In der Gegenwart des Anderen kann sich gesellschaftliche Auseinandersetzung zur freien Gemeinschaft verwandeln. Nicht mehr irgendwelche Gesetze des Einen bringen Menschen näher, sondern das Ungemeine ist das gemeinschaftliche Band. Gott wird zum verbindenden Band, zur gesellschaftlichen Kopula.

Der 1. Johannesbrief nennt dieses Band: „Gott ist Liebe, und wer in der Liebe bleibt, der bleibt in Gott, und Gott bleibt in ihm." Damit ist keine abstrakte Definition Gottes gemeint. Statt dessen ist darin die gegenseitige Beziehung von Menschen bereits miteingeschlossen. Wo Liebe wirkt, da ist Gott. Wo Gott ist und insistiert, da werden Liebe, Versöhnung, Gemeinschaft mehr als ein Wort. Gott ist das Wesen möglicher Gemeinschaft. Wo Gemeinschaft entsteht, da insistiert das ganz Andere nicht nur im Denken, sondern auch im gegenseitigen Verhalten. Wo das Andere insistiert als ein gleichsam unableitbar aus sich selbst herkommender Einflußbereich und Menschen in der Wahrnehmung dieses Sogs existieren, wird eine gegenseitige Nähe und Gemeinschaft möglich, die dem in sich kreisenden Spiel des Einen enträt. Mitten im Machtbereich des Einen wird das ganz Andere zum Ursprung einer Gemeinschaft nach eigenen Gesetzen. Mitten im Einen eröffnet sich eine Insel der Offenheit des Anderen.

Eine Insel ist nichts verglichen mit dem großen Ganzen des Meeres. Doch wenn auch eine Insel das Ganze noch nicht ändert, hat sie das in sich kreisende Wesen des Einen doch be-

reits konkret durchbrochen. In diesem Sinn hat auch die
kleinste Insel bereits das Meer überwunden. Bloße Ansätze,
nur ein momentanes Zerreißen des Schleiers und oft auch der
Mauern und Gitter, die Menschen einzeln und im größeren
Ganzen trennen, sind schon Zeichen der Nähe und einer
eschatologischen Hoffnung, die das in sich spielende Spiel des
Einen nach anderen Regeln spielt.

Jedes Streben nach Einheit und Totalität unterliegt dem
auch in der Metaphysik mächtigen Motiv der Sehnsucht nach
der Alleinheit im Grund des Einen. Wahrscheinlich melden
sich in diesem Anstoß noch tiefliegende Triebe an: die Sehnsucht nach Geborgenheit, Heimat, Vertrautheit und Geschlossenheit. Der Mensch ist irgendwo ein geburtliches Wesen, das sich immer wieder zurücksehnt nach der Geborgenheit und Umfaßtheit im Mutterschoß. Dabei kann diese
Sehnsucht, mitsamt deren höchsten Sublimierungen bis hin
zu einer metaphysischen Seinsfrömmigkeit, wahrscheinlich
überhaupt erst dort akut werden, wo all dies vermißt wird in
der übermächtigen Erfahrung des genauen Gegensatzes. Das
Motiv der Sehnsucht nach Geborgenheit entzündet sich wohl
an der Wahrnehmung von deren Verlust. Daß die Erfahrung
dieses Gegensatzes zur menschlichen Existenz gehört, sowohl in ihren alltäglichen wie in ihren eher seltenen Grenzerfahrungen, ist eine alte Einsicht. Die reale Auseinandersetzung selbst und ganz besonders die darin alles in abgründige
Fraglichkeit stürzende Andersartigkeit des ganz Anderen bilden für dieses Motiv nicht nur den zündenden Funken, sondern zwangsläufig und beständig eine abgründige Gefahr.
Idyllen, die sich gegen die Auseinandersetzung des Einen und
des Anderen abzusichern versuchen, gehen jedoch nicht nur
an der Realität der Auseinandersetzung vorbei, sondern verbauen sich auch gegen die darin naheliegende und mögliche
Erfahrung des Anderen. Nicht nur die Realität, sondern dar-

über hinaus die mögliche Nähe des Anderen, werden zu permanenten Gefährdungen der eigenen Sicherheit und des innersten Motivs, gegen die immer neue Sicherungen aufgebaut werden müssen. Die Gelassenheit der Besinnung als Wahrnehmung des Anderen bedeutet in dieser Hinsicht das Vergehen dieses in unzähligen Lebensformen wiederkehrenden Motivs. Das Andere selbst ist das Unvertraute, Grundlose, Zufällige und Ungeborgene schlechthin. In der Wahrnehmung dieser „heimatlosen" Wirklichkeit beruht jedoch die Chance von Freiheit und darin von freier Gemeinschaft. Gemessen an der Sehnsucht nach dem Einen stellt die Wahrnehmung des Anderen eine unsinnige Bejahung der Ungeborgenheit, Unvertrautheit und Grundlosigkeit dar. Anstatt das trauliche, heimatliche Gefühl der Alleinheit, Umfaßtheit und Getragenheit zu vermitteln, wird dem Menschen zugemutet, im Grundlosen Luftwurzeln zu schlagen.

Die zufällige, nicht ableitbare Erfahrung des Anderen bildet jedoch den Ursprung der Fähigkeit zum Glauben an die Möglichkeit von Gemeinschaft. Indem sich der Mensch im radikalen Abstand zu allem Seienden und Sein in die Gegenwart des Anderen versetzt erfährt, kommt er in die Lage, offen zu werden. Offenheit ist die Qualität eines Denkens und Verhaltens, das sich unmittelbar der Offenbarkeit des Anderen verdankt. Die Wahrnehmung des Anderen mitten im Einen eröffnet einen Freiraum. Grundlegend geht es darin nicht um eine beliebige Offenheit, sondern primär um die radikale Offenheit gegenüber dem Anderen selbst. Daraus aber kann und muß zugleich eine Offenheit gegenüber dem Seienden resultieren. In der Offenheit zum Anderen kann die Möglichkeit zur Freiheit und Offenheit entstehen für das konkrete Gegenüber. Offenheit wird zur Fähigkeit, das Gegenüber an diesem Freiraum teilhaben zu lassen, ihm einen Freiraum einzuräumen, in welchem sich dieses als das zeigen und entfalten kann, was es seiner Möglichkeit und Unmöglichkeit nach ist. Gesellschaftliche Auseinandersetzung wird zum gemeinschaftlichen Verhältnis von Personen. Aller Tendenz zur Geschlossenheit, Dichte, Enge und in sich zentrierten Totalität in harten Strukturen steht eine Tendenz zur Offenheit, zur Vielfalt und frei und spontanen Begegnung unvergleichbar entgegen.

Der Weg von diesen knappen Bestimmungen hin zu den daraus nötigen Konkretionen scheint auch hier sehr weit. In dieser Richtung sei wenigstens ein Hinweis gegeben. Kirche in ihren vielen Formen, von der Kleinstgemeinschaft bis zur Massenkirche, von der Erstarrung in traditionalistischen Formen bis zum charismatischen Aufbruch in einem neuen Geist, von der ideologischen Selbstverschlossenheit bis zum Ereignis einer echten, ökumenischen Bewegung, von der gesellschaftlichen Selbstgenügsamkeit bis zur Akutheit der inneren und äußeren Auseinandersetzung in Kirchen der dritten Welt: Kirche steht je und immer nicht einfach jenseits und über den nächstliegenden Strukturen der gesellschaftlichen Umgebung. Daß Kirchen immer auch die Gesellschaftsformen ihres sozialen Umfeldes bis ins Mark wiederholen, kann nicht erstaunen, obwohl gerade die empirisch faßbaren Aspekte von Kirche am Maß der geglaubten, möglichen Gemeinschaft immer wieder scharf eine Widersprüchlichkeit sichtbar machen. Das „credo ecclesiam", die geglaubte Kirche, steht im Unterschied, wenn nicht oft im Gegensatz, zur erfahrbaren Kirche, Grund genug, um häufig auf den Glauben daran zu verzichten. Kirche, von der Sache her und nicht zufällig unter dem Gesichtspunkt der Gemeinschaftlichkeit ins Auge gefaßt, erscheint damit selbst im Schatten einer inneren, kaum versöhnbaren Spannung. Säkularisierte Abläufe gesellschaftlichen Lebens haben diesen Verzicht mittlerweile auf breiter Basis institutionalisiert. Was immer in dieser Richtung noch zu sagen und heute wahrscheinlich sehr dringend zu sagen wäre: Kirche enthält noch in ihrer fragwürdigsten Form zentral ein Symbol mindestens geglaubter Gemeinschaft. Ein Überdenken des Wesens von Kirche, das sich nicht daran orientieren würde, um sich desto mehr an die faßbaren Ausgestaltungen zu halten, käme auf Grund des Anschauungsmaterials nur zu leicht ins Fahrwasser einer ekklesiologischen Resignation. Die Wiederholung des letzten Mahles Jesu mit seinen Freunden ist geglaubtes Unterpfand realmöglicher communio mit Gott und einer freien communicatio unter Menschen. Ob es beim bloß glaubhaften Sinnbild bleiben muß, wie der Reformator Zwingli dies vertrat, oder ob daraus eine Realpräsenz von gelebter Gemeinschaft entstehe, diese scheinbar nur theologisch spekulativ hochgespielte Frage hatte schon damals gesellschaftliche, wenn nicht gar weltgeschichtliche Bedeutung, indem es darüber zu keiner Gemeinschaft der beiden großen Parteien der Reformation und ihrer Führer kommen wollte. Was aber trotz aller inneren Zerrissenheit der Kirchen wie ein noch immer verheißungsvoller Petrefakt im Kern praktisch aller christlicher Gruppierungen institutionell daliegt und ensprechend wiederholt wird, das ist die letzte Gemeinschaft Jesu mit seinen Nächsten als Urbild und Anstoß einer Gemeinschaftlichkeit in der Gegenwart des Anderen. Die empirische Gestalt der Kirchen, von ihrer sozialen Umgebung nicht zu reden, mag in zahllosen Einzelerfahrungen dieses geglaubte, sakramentale Geschehen widerlegen. Als geglaubtes Sinnbild einer möglichen Realität bleibt es Modell von Versöhnung und Gemeinschaft.

These 10. *Gott: die Gegenwart der Zukunft*

Die Frage nach Gott kann, wie ein Blick auf heutige Theologie gezeigt hat, in zureichender Tiefe gefaßt von der Sinnfrage her aufgerollt werden. Daß mit diesem einfach tönenden Stichwort hochkomplexe Problemfelder angesprochen sind, dürfte das bisherige Überlegen ein Stück weit gezeigt haben. Zu beachten ist dabei nun allerdings auch, daß sich unter diesem Stichwort besonders zwei Problemdimensionen überschneiden bis zu einem intensiven Gleichklang, die zwar von der Sache her nicht unabhängig voneinander sind, jedoch auch keinesfalls auf dasselbe hinauslaufen. In der Sinnfrage schwingt einerseits die ontologische Seinsfrage, anderseits die theologische Theodizeefrage mit. Sosehr beides im Laufe der Denkgeschichte immer wieder ineinander übergehen konnte, sowenig bewegen sich beide Fragen im selben Fragefeld. Die ontologische Frage nach dem „Sein" Gottes fällt mit der theologischen Frage nach der „Gerechtigkeit" Gottes nicht einfach zusammen. Es gehört zur Sauberkeit des Denkens, daß sie noch dort in ihrer wesensmäßigen Eigenständigkeit auseinandergehalten werden, wo sie sich von der zugrundeliegenden Leitfrage nach Sinn her aufs Engste berühren.

Der vorliegende Entwurf legt alles Gewicht einseitig auf die Probleme der Seinsfrage im Wissen darum, daß sich in ihrem Horizont eine mögliche Grundlegung von Theologie vollziehen muß. Damit ist jedoch eine der schwierigsten und tiefsten, unheimlichsten und abgründigsten Fragen theologischer Reflexion noch nicht durchdacht. „Nachdem das Jenseits dunkel geworden ist, haben wir das Diesseits, das Leben und diese Erde hier zur Hölle gemacht und mit Höllen gepflastert ... ‚Hölle von Auschwitz' ... ‚Hölle von Verdun' ... ‚Hölle von Stalingrad' ... ‚grüne Hölle von Vietnam'. Wir

hören das Keuchen der Sterbenden, die Qual der Gefolterten.
Das Unrecht schreit gen Himmel. Das Leiden findet keine
Antwort. Auch wir finden keinen Sinn darin, weil es keinen
gibt."[49] Nicht aus spekulativen, sondern viel mehr sehr zeit-
gemäßen Gründen hat sich das Thema der Theodizee
zwangsläufig in den Vordergrund geschoben. Nicht das Reden vom „Tod Gottes", sondern der millionenfache, unsinnige Tod von Menschen muß zum Anstoß werden, von Gott
so zu denken und zu reden, daß man vor diesen Realitäten die
Augen nicht verschließt. Eine Theologie, die daran vorbei-
ginge oder mit allzu leichter Leidensverbrämung antworte-
te, wäre belanglos.

Im Denkbereich des metaphysischen Seinsdenkens gibt es
den Gedanken des „Nichts" als des absolut Unsinnigen. Im
Bereich der Theodizeefrage muß ebenfalls vom Sinnlosen
und Widersinnigen gesprochen werden. Damit ist allerdings
etwas höchst Konkretes gemeint: das Kreuz des Leidens in
seiner einmaligen und geschichtlich unendlich wiederholten,
in seiner weltgeschichtlich katastrophalen wie in seiner alltäglichen und kaum sichtbaren Gestalt. Im Hinblick darauf
gilt allerdings das Kriterium, daß jedes Reden von Sinn, Gott
und Heil zur bloßen Spiritualität, zur Flucht in ein Jenseits
über der Welt oder in ein Diesseits der Seele wird, sofern es
sich daran nicht ausweist und bewährt. Die Faktizität des Widersinnigen muß hineingenommen werden in jedes Fragen
nach Gott. Das Kreuz bildet in dieser Hinsicht den Prüfstein
jedes Redens vom Leben ermöglichenden Gott.

Die ontologische Frage nach dem Sein und Nichtsein Gottes bewegt sich scheinbar leidenschaftslos in abstrakten Bereichen der Spekulation. Die Frage nach Gott im Gegenüber
zum Unsinnigen, zum Widersinnigen und Sinnwidrigen des

---

[49] *Jürgen Moltmann*, Umkehr zur Zukunft, München Hamburg
1970, 80.

faktischen Lebens, ist dagegen von Grund auf geladen mit
Emotion, Affekt und Leidensdruck. Damit ist ein besonders
auffallender Unterschied der beiden Frageebenen herausgehoben. Dennoch wäre es wohl irrig, die existentielle Bestimmtheit der Frage nach dem Sinn des Leidens auch schon
für das Unmittelbarere und damit Echtere zu halten. Der
Sinn der Theodizeefrage erschließt sich nicht aus ihr selbst,
sondern kommt erst im Horizont eines umfassenden Sinn-
entwurfs ans Licht. Im Rahmen etwa des mittelalterlichen
Diesseits-Jenseits-Denkens mußte die Frage nach dem
Warum darauf zielen, im Jenseits des Himmels eine ausglei-
chende Gerechtigkeit und Versöhnung der unversöhnten
Realität des Diesseits zu postulieren. Im Rahmen des neuzeitlichen Prozeß- und Geschichtsdenkens dagegen läuft der Sinn
der Theodizeefrage auf einen Protest gegen das Sinnlose der
gegenwärtigen Welt hinaus, dem zwangsläufig die Forderung nach Überwindung dieser Zustände in einer künftigen
Welt entspringen muß. Der Sinnentwurf bestimmt auch den
Sinn der Frage nach Sinn.

Im Kontext der Frage nach dem ganz Anderen muß sich
darum auch der Sinn des Kreuzesschrei wesentlich anders erschließen. „Mein Gott, mein Gott, warum hast du mich verlassen?" Das ist kein Ruf nach der verlorenen Geborgenheit
im alleinen Gott. Noch weniger kann damit eine Art Ereignis
in Gott, ein innerer Bruch, nicht selten „Tod Gottes" genannt, gemeint sein. Ein Gott, der auf Hegels oder Schellings
Spuren, jedenfalls jedoch panentheistisch gedacht, alles in
sich enthält, sogar auch den Tod, ist ein gewaltiger Gott,
doch dem metaphysisch gedachten Einen näher als dem ganz
Anderen. Ein Gott, der in sich sogar das Leiden enthält, ist ein
leidender Gott, der letztlich nur an sich selber leidet und sich
in sich selbst zerreißt. Daß der Mensch daran mitleidet, ist die
andere Seite und kaum ein Trost. Dieser buchstäblich unge-

heure Gott verdient im Zweifelsfall, wenn nicht den Protest, so immerhin das Mitleid des Menschen, doch ist dies ganz gewiß kein rettender Gott, der Licht und nur Licht ist ohne alle Finsternis in ihm (1. Johannes 1,5). So tiefsinnig dieser Gottesgedanke unbestrittenermaßen ist, so wenig kann diese Spekulation über das innere Leben Gottes als Bewältigung der hier sehr real anstehenden Probleme erscheinen.

Nun muß gerade etwa Jürgen Moltmann, dessen Gotteslehre besonders deutlich von dieser Herkunft her bestimmt ist, zugestanden werden, daß das Hauptmotiv zur Wiederholung solch ungeheurer Gedanken wahrscheinlich auf anderer Ebene liegt. Es geht ihm, wenn nicht alles täuscht, vor allem darum, das Leiden rückhaltlos ernstzunehmen, um dennoch den Mut zur Hoffnung dabei nicht zu verlieren. Unter diesem Gesichtspunkt liegt es sogar nahe, im Denken Gottes der spekulativen Idealisten Anleihen aufzunehmen. Kaum ein Denken hat Gott und das Negative, Gott und das Böse, je so konsequent konfrontiert wie das absolute Denken Hegels und Schellings. Dennoch, im Sinn von Bedenken formuliert, der Zins solcher Anleihen ist heute nicht gering. Nicht nur, daß es sich in dieser Ausprägung des Denkens um eine Höchstform von Metaphysik handelt, der es je nur um das Eine und seine Einzigkeit und Absolutheit geht. Auf der Ebene der Theodizeefrage selbst muß sich die Frage einstellen, ob damit dem de facto hart erfahrbaren Sinnlosen nicht gerade wiederum ein tieferer Sinn unterstellt wird. Das faktisch Sinnlose wird in diesem weitesten Horizont identifizierbar als Selbstprozeß Gottes von der Nacht zum Licht. Der totale Ausbruch des Negativen in Gott dient als Zwischenstufe und innere Peripetie der Selbstentfaltung Gottes zum Licht und Leben. In neuerer Fassung als gerade bei Goethe dient Mephisto als notwendiger Promotor der Steigerung des Heils. Nicht weniger steht in Frage, wie diesem Gottesverständnis wirklich

Zutrauen zu Gott entspringen kann trotz realer Verzweiflung. Dieser Gott wäre um nichts besser dran als der leidende
Mensch. Ein solcher Gott ist, wenn überhaupt, denkbar, aber
kaum vertrauenswürdig. Daß er sogar die spekulative Vernunft in Abgründe der Fraglichkeit stürzen kann, dafür ist der
Denker und vor allem sein später Weg vielleicht der beste
Zeuge, der ihm fragend wohl am konsequentesten gefolgt ist:
F. W. J. Schelling. Daß dieser Gott nicht nur die Vernunft,
sondern nicht weniger das menschliche Zutrauen abschrek-
ken muß, dafür steht der Protestatheismus als Zeuge. Ein
Gott, der auch nur ganz verschämt am Rand, als Zulassung
einer einzigen, unschuldigen Kinderträne, dennoch daran
mitschuldig würde, verdient sich in dessen Augen die Absage
an ihn selbst. Selbst dort, wo dieser Gott das Leiden der Menschen nicht nur zuläßt, sondern als leidender Gott auch selbst
daran teilnimmt, wird er kaum vertrauenswürdiger. Gott ist
nicht das Stichwort der großen Alternative zu allem, was
Kreuz, Verlassenheit, Leiden und Hölle heißt. Der Gedanke
des leidenden Gottes befriedigt vielleicht die Bedürfnisse einer metaphysischen Vernunft, kaum jedoch die Anliegen der
sehr real geschundenen Menschen. Um ihrer Hoffnung willen, um die es auch Moltmann primär geht, muß so argumen-
tiert werden. Der Gott der Hoffnung muß doch wohl jenseits
aller Gedanken der Idealisten erfragt werden. Der Grund zur
Hoffnung liegt im Grundlosen des ganz Anderen.

Das real erfahrene Unsinnige, anstatt Moment von Gottes
Werden zu sein, muß statt dessen konsequent als Gottverlassenheit und Gottesfinsternis verstanden werden. Das Eine
wühlt lichtlos in sich selbst und sucht, wen es verschlinge.
Das Andere bleibt das schlechthin Überwältigte und Ausgeschlossene. Das Eine insistiert selbstmächtig in sich selbst
und läßt die Offenheit, Freiheit, Wahrheit und Selbständig-
keit des Anderen nicht zu. Das Eine all-ein, ohne und gegen

die Insistenz des Anderen, das ist vielleicht die knappste Bestimmung des Unsinns. Menschen, die sich der alternativlosen Tendenz zum Einen und Einzigen, zur Totalität und in sich geschlossenen Ganzheit, verschreiben, werden einander zu Teufeln. Wer sich fügt, wird Gefangener, sei es Herr oder Knecht. Wer widersteht und trotzdem an die Möglichkeit von Alternativen des Lebens und der Gemeinschaftlichkeit glaubt, findet keinen Boden, wie Gott, die große Alternative zu diesem Tod des Lebens, das ausgeschlossene Andere ist.

Dennoch erinnert Moltmann zurecht auch daran, „daß in Auschwitz das Sch^{e}ma Israel und das Unservater gebetet wurde"[50]. Im selben Sinn kann gesagt werden, daß es nicht nur eine Theologie des Kreuzes gibt, sondern auch eine Theologie des Leidenden. Der Kreuzesschrei, anstatt mildes Abendgebet des Frommen nach Psalm 22 zu sein, ist vielleicht die einzig mögliche Form von Theologie und Gottesglauben mitten im Ausbruch der Hölle und Gottverlassenheit. So sehr die Situation des Leidens zum Anlaß des Fluchs, der Verzweiflung und des Gotteshasses werden kann, sosehr kann darin gerade auch das Anastatische, das Widerständige des Glaubens angestachelt werden, der noch nach Gott schreit angesichts der Gottverlassenheit und Gottferne. In der Theodizeeklage steckt ein Funke des Widerstandes, der die allmächtige Macht des Einen allein, darin des Leidens und des Todes, noch übertönt. Demnach muß die Osterhoffnung als siegesgewisse Bestätigung dieses Kreuzesschreis verstanden werden. Mag sie de facto millionenfach widerlegt, unterdrückt und zum Stammeln des Gekreuzigten zurückgetrieben werden, so lebt sie doch aus dem widerstandsfesten Glauben und Denken der widerständigen Wirklichkeit des

---

[50] Der gekreuzigte Gott, 266. Besonders eindrücklich die Beschreibung der „Hölle von Auschwitz" durch *Wieslaw Kielar*, Anus mundi, Frankfurt a. M. 1979.

ganz Anderen, der noch mitten in der Gottverlassenheit als Geglaubter da ist, der noch in der Hölle angerufen, aber auch bezweifelt und verflucht, der noch dort geliebt, aber auch gehaßt werden kann. Gott ist das Anastatische des Glaubens und eben darum die Anastasis des Lebens trotz Tod.

Das Wesen des Glaubens wie auch seines Denkens in der theologischen Besinnung beruht in der Vergegenwärtigung dieses Gottes. In dieser Formel wird die enge Verbindung der Frage nach Gott und der Frage nach dem Wesen der Zeit leicht sichtbar. Dabei verbergen sich hinter der einfach tönenden Verbindung „Gott und Zeit" zahlreiche Probleme, die sich nicht ohne weiteres unter dem traditionellen Titel „Eschatologie" zusammenreimen lassen. Es dürfte darum symptomatisch sein, daß dem theologischen Denkbereich der Eschatologie, der in der theologischen Tradition eher an den Rand zu stehen kam, in der Theologie des 20. Jahrhunderts eine eigentliche Neuentdeckung und damit Aufwertung widerfuhr bis an die Grenze der totalen Überwucherung der Theologie durch seine Probleme. So läßt sich etwa zeigen, daß sich hinter den zahlreichen Ausprägungen der Eschatologie in der Neu- und neuesten Zeit eine wesentlich tiefer gehende Frage verbirgt: die Sinnfrage als Frage nach dem möglichen Heil in der Geschichte. Im Rahmen des neuzeitlichen Geschichtsdenkens verwandelt sich die Hoffnung auf die Gegenwart von Sinn und wahrem Leben in eine Spekulation über den eschatologischen Gang der Geschichte. Die verschiedensten theologischen und, besonders im 19. und 20. Jahrhundert entstandenen, säkularisierten Eschatologien sagen aus, wie es im Horizont vergangener, gegenwärtiger und künftiger Geschichte um die Möglichkeit von Heil und Sinnerfüllung steht. Im Stichwort „Gott und Zeit" verbinden sich die zwei Ebenen der Sinnfrage in besonderer Weise. Es markiert den Rahmen, innerhalb dessen die ontologische

Frage nach Gottes „Sein" und die Theodizeefrage unter Umständen sogar zur Deckung kommen können. Gerade die neuzeitlichen Ausformungen der Eschatologie haben dieses besonders wichtige Merkmal an sich.

Indem sowohl das metaphysische Seinsverständnis als auch das Verständnis der Theodizee in Bewegung gerät, versteht es sich, daß sich unter dem Titel „Gott und Zeit" eine Fülle neuer Fragen eröffnen muß. Dazu gehört die Frage nach der Zeitlichkeit Gottes nicht weniger als die Frage nach der Gottbezogenheit der Zeit. Dazu gehört die kritische Einsicht in das metaphysische Wesen des neuzeitlichen Geschichtsverständnisses nicht weniger als die Frage nach dem Sinn des historischen Verstehens. Dazu gehört vor allem auch die Frage nach dem menschlichen Tod im Sinn des Sterben-Könnens, wie umgekehrt eine ars moriendi, ein besonderes Bedürfnis unserer Gesellschaft, das Fragen über die Schranken der Endlichkeit hinaus akut werden läßt.

Anstatt diesen Strauß von Fragen aufzugreifen, versteht sich die Formel „Vergegenwärtigung Gottes" vorerst einmal nur aus dem Gegensatz zu einer bestimmten Gestalt der Eschatologie. Glaube lebt nicht aus einem Irrealen. Hoffnung zieht ihren widerständigen Mut nicht aus einem noch nicht Gegenwärtigen. Liebe besteht nicht in der Vorwegnahme eines erst Zukünftigen. Denkende Besinnung hat ihre Substanz nicht im Bereich bloßer Utopie. Im Gegenteil beruhen Glaube, Liebe, Hoffnung, Denken und Tun, jedes in seiner Weise, bereits in der Vergegenwärtigung des ganz Anderen. So wie es im mittelalterlichen Denken eine Flucht ins Jenseits gab, gibt es im neuzeitlichen Geschichtsdenken eine Flucht in die Zukunft. Eine Utopie des jenseitigen Jerusalem unterscheidet sich kaum fundamental von der Utopie eines innergeschichtlich-zukünftigen Reiches Gottes. Sosehr beide in ihrer Weise verschieden auch praktisch-aktiv zu werden vermögen – wer

würde heute noch ernsthaft der mittelalterlichen Jenseits-
hoffnung ihre gesellschaftlich wirksame Bedeutung abspre-
chen – sosehr leben beide auf bloßen Kredit und spielen beide
mit ungedeckten Schecks, ein illusionäres Vermögen, das
seinen Wert nicht endlos halten kann, wenn solche Hoffnung
nicht endlich verzweifeln soll.

Der Ursprung von Glaube, Liebe, Hoffnung liegt nicht im
Jenseits eines jenseitigen oder auch künftigen Himmels, sondern mitten in der gegenwärtigen Auseinandersetzung geht
es je um dessen Gegenwart. Das ganz Andere ist der verbor-
gen anwesende Sinn und das Wesen der Gegenwart selbst, ob
dies nun hell aufleuchte oder in der Gottesfinsternis des Kreuzes fast ausgetrieben sei. Das Heilende, Rettende, das Sinn
und Leben Ermöglichende, das alle Nacht Lichtende und den
Tod Überwindende ist nicht fern und erst in Möglichkeit,
sondern gegenwärtig wahrnehmbare Wirklichkeit.

Wohl ist Gott absolut unterschieden von allem Vergangenen, Gegenwärtigen und Zukünftigen des Einen. Auch in
dieser Hinsicht ist Gott das radikal ganz Andere zum Einen,
sowohl zu dessen vergangenen Ausgestaltungen, zu seinen
gegenwärtigen Formen und Tendenzen als auch zu dessen
zukünftigen Möglichkeiten. Dennoch kann im Rahmen dieser Problematik mit Recht gesagt werden, Gott sei „ein Gott
mit Futurum als Seinsbeschaffenheit" (Bloch). Gott ist „absolute Zukunft", wie Karl Rahner formuliert[51]. Sosehr Gott

---

[51] „Zukunft ist das, worauf wir nicht hingehen, sondern, was von
ihm selbst her auf uns zukommt – wenn es will – und mit dem wir –
seltsam – gerade so zu tun haben. Zukunft ist das Nichtevolutive, das
Nichtgeplante, das Unverfügbare, und zwar in seiner Unbegreif-
lichkeit und Unendlichkeit. Zukunft ist das schweigend Lauernde,
das, so es uns anspricht, die Netze unserer Pläne zerreißt, die eigene
‚Zukunft', die geplante und vorausgesehene, zur Gegenwart macht;
sie ist das Unverfügbare, das schon waltet und waltend bleibt, gelas-
sen und schweigend, unberechenbar und doch langmütig, uns Zeit

vom Einen noch in der innersten Insistenz als das ganz Andere unterschieden bleibt, sosehr ist er doch je das dem Einen Insistierende und ihm damit je Zu-Kommende. Gott ist die Zukunft des Einen. Wohl gibt es Zustände, die ohne alle Zukunft und Hoffnung sind. Mit Moltmann kann man sie diesseitige Höllen nennen. „Lasciate ogni speranza ..." steht bei Dante sinngemäß als Inschrift über dem Tor zur Hölle. Weil Zukunft das Abwesende ist, muß Hoffnung ihre Sprache verlieren. Dennoch bricht mitten in der Auseinandersetzung des Einen immer wieder neue und andere Zukunft auf. Der Gott des Exodus, der „Ich werde sein, der ich sein werde", wird immer wieder wahrnehmbar als Grund zur Hoffnung. Nicht als zukünftige Möglichkeit, sondern als gegenwärtige Wirklichkeit, die Zukunft eröffnet, ist er da mitten in der Auseinandersetzung. Zukunft ist nichts nur Zukünftiges, sondern höchste Gegenwart. Nur das lineare Zeitverständnis suggeriert, Zukunft sei erst jenseits der Gegenwart. Im Gegenteil steht der Mensch mitten in der Auseinandersetzung mit gegenwärtigem und vergangenem Seienden auch bereits in Auseinandersetzung mit Zukunft und ihren Möglichkeiten. Die Beschäftigung mit dem Morgen geschieht im Heute. Zukunft springt uns schon heute an und fordert zur Auseinandersetzung heraus. Die Gegenwart von Zukunft bildet sogar die Bedingung der Möglichkeit, daß der Mensch sich mit künftigen Möglichkeiten beschäftigen, darauf hoffen und sie gedanklich-utopisch vorwegnehmen kann. Selbst Utopie lebt von der gegenwärtigen Offenbarkeit des Anderen.

Über jeder utopischen Beschäftigung mit künftigen Möglichkeiten und Unmöglichkeiten steht somit die Wahrnehmung der gegenwärtigen Zukunft selbst. Mitten im Jetzt – im Nû, wie Meister Eckhart sagt – öffnet sich eine offene

---

lassend, weil es selbst keine Zeit braucht, da es nie zu spät kommt...". Zur Theologie der Zukunft, München 1971, 178.

Dimension, die sich weder aus dem Sein noch aus dem Seienden ableiten läßt. Da sie die Grundlage jedes Spielens mit künftigen Möglichkeiten abgibt, kann sie die Grundmöglichkeit genannt werden. Gott kann wahrgenommen werden als das Grundvermögen aller Möglichkeit.

Zumeist gebraucht man das Wort „Zukunft" beinahe fraglos. Es ist fester Bestandteil der eingeschliffenen Alltagssprache, verbunden mit bestimmten, meist einfachen Vorstellungen über seinen Sinn und richtigen Gebrauch. Es gehört wie selbstverständlich zu den Zusammenhängen, in denen wir leben. Was sich darin verbergen könnte für eine völlig auf Zukunft ausgerichtete Gesellschaft im Wandel, wird kaum bewußt. „... ‚Zukunft'. Vielleicht müßte der Theologe mehr von seiner Ratlosigkeit und Verlegenheit spüren lassen, in die er beim Nennen dieses Wortes gerät. Denn was ist das, die Zukunft?"[52]. Es könnte doch sein, wie in der Einleitung bereits einmal erwähnt, daß eine in wesentlichen Aspekten säkularisierte Gesellschaft im Wandel, strukturell verschieden, doch vergleichbar, so offen ist auf das hin, was sie Zukunft nennt, wie eine mittelalterliche Ständeordnung offen war für das, was sie das Göttliche und Gott nannte. Der Gedanke ist nicht ohne weiteres von der Hand zu weisen. Dann würde sich in all den Ängsten vor Zukunft, die unsere Zeit bestimmen, aber auch in allen Hoffnungen, die sich darauf beziehen, im Tiefsten nur eine besondere Form der Transzendenzerfahrung verbergen. „Zukunft" würde zum Stichwort für eine besondere Transzendenzerfahrung auch des Menschen, der sich von allen traditionell religiösen Orientierungssystemen emanzipiert hat. Dasselbe gilt jedoch über den einzelnen Zeitgenossen hinaus für eine auf Zukunft hin orientierte Gesellschaft, zu deren mächtigsten Institutio-

---

[52] *Karl Rahner*, l. c. 177.

nen es gehört, daß sie auf permanenten Wandel hin ausgerichtet sind, mehr noch, permanenten Wandel selbst damit indu-
zieren. Die Auseinandersetzung um die Zukunft gehört zu
deren innerster Struktur. Gewiß gibt es gesellschaftliche
Zentren, die sich dem Wandel mit mehr oder weniger Erfolg
verschließen. Nicht zuletzt die Kirchen versuchen sich in verschiedensten Abwehrstrategien. Eigentliche Entscheidungs-
zentren, die das Gesicht einer Welt von morgen prägen, sind
dies jedoch kaum. Die Offenheit auf Zukunft hin gehört zu
den entscheidensten Strukturen von Institutionen, die an der
Steuerung des Wandels teilnehmen. Der Kampf um die Zukunft hat auf breiter Front schon lange begonnen, das Wie
bleibe dahingestellt. Daß es sich dabei um eigentliche Über-
lebensstrategien handelt, zeigt sich an verschiedensten Phänomenen. Zukunft ist die Macht, die alles in Unruhe zu halten vermag.

Gewiß tönt es nicht unbedenklich, in all den realen Ereignissen rund um die Bemächtigung der Zukunft ein theologisches Grundwesen entdecken zu wollen. Eine solide „Theologie der Zukunft" hätte einen solchen Verdacht sowohl reli-
gionssoziologisch wie theologisch sehr kritisch zu begrün-
den. Für den Augenblick bringt er, in aller Vorsicht gesagt,
wenigstens eine Einsicht. Das „ist" der Zukunft ist so fragwürdig wie das „ist" Gottes, und dies nicht nur im Hinblick
auf scheinbar abstrakte, theologische Fragen, sondern nicht
weniger im Hinblick auf die realen Mächte der Zeit. Vielleicht tut Theologie und Kirche sehr gut daran, die gesellschaftlichen Auseinandersetzungen um Zukunft genau und
grundsätzlich, nicht nur pragmatisch punktuell, zu verfolgen. Ihr Gott, das ganz Andere, ist kein Gott der Vergangenheit, zu dem es zurückzukehren gilt, sondern ein Gott der
Zukunft und Verheißung, der sich im völlig ungewohnten
Erfahrungskleid eines gesellschaftlichen Kampfs um die Zu-

kunft verbergen kann und doch darin, mächtig und ohnmächtig zugleich, gegenwärtig wirksam ist.

Das Reich Gottes, die eschatologische Größe schlechthin, ist weder der Anfang einer neuen Geschichte noch auch das Ende der Gesamtgeschichte. Die Vorstellung eines Anfangs wie eines Zieles der Geschichte entstammt wahrscheinlich noch einem metaphysischen Verständnis des Seins, das in zeitlichen Kategorien das Ganze und Totale der Zeit im Griff haben will. Mitten in der Auseinandersetzung der Zeit vergegenwärtigte Christus gemäß dem Neuen Testament Gott, Gottes Reich, seinen Einflußbereich. Die Erfüllung der Sehnsucht nach dem ganz Anderen beginnt gerade dort, wo nicht mehr nach Erfüllung gestrebt wird. Sinn und Ziel alles Geschehens setzt sich wohl gerade dort in Szene, wo man nicht mehr auf Ziele aus ist, sondern freie Ziellosigkeit und Gelassenheit ohne alles Warum und Wozu zu spielen beginnt. So fragt der Glaube des ganz anderen Gottes nicht mehr nach Gründen, Krücken und Stützen, sondern lebt ohne alles Warum aus der Wahrnehmung des Grundlosen. So verfolgt Liebe des ganz Anderen keine Ziele und Zwecke, sondern ist freies Umsonst. So ist Hoffnung auf das ganz Andere durch nichts anderes mehr begründet und richtet sich nicht auf dies oder das, sondern Hoffnung hofft, weil sie hofft, erregt und gehalten durch die bloße Chance des ganz Anderen mitten im Einen. So beginnt und endet Theologie als Besinnung dort, wo es mit allem gewissen Denken, mit allem bestimmten Reden und allem entschiedenen Handeln, zu Ende ist. Die Stille des ungedachten ganz Anderen bleibt übermächtiger.